中世ヨーロッパにおける伝統と刷新

水田　英実
山代　宏道
中尾　佳行
地村　彰之
原野　　昇

溪水社

まえがき

　シリーズ9作目となる今回，取り上げたテーマは「中世ヨーロッパにおける伝統と刷新」である。前作同様，一見同じテーマを選んだように見えても，広島大学ヨーロッパ中世研究会のメンバーは，各々異なる分野で中世ヨーロッパの研究に携わっているから，それぞれに扱う素材も異なるし，素材を扱う手法も違う。じっさいに例会を重ねて互いに研究成果を発表しあってみるとよくわかる。

　むろんそれが分野横断的な共同研究の妙味であることは，言を俟たない。素材も手法も，伝統と刷新というテーマ自体も各人各様の仕方でとらえている。しかしそのことがかえって「中世ヨーロッパ」という統一的視点のもとに，多彩な研究が可能な対象領域が存していることを物語っているように思われる。じつは「中世ヨーロッパの多元性」は，研究会を設立した当初から，全員が共有してきた最大の関心事なのである。

　時代も地域も現代のわれわれから遠く隔たっているヨーロッパの中世を多元的にとらえるという課題が，第1集の異文化接触から始まって，多元性，多文化共生，時空間異動，排除と寛容，死と生，女と男，そして笑いにいたるまで，通奏低音のように，十年になろうとするわれわれの共同研究の，その都度の成果を貫いている。それが古びることのない

「伝統」であってみれば,「刷新」の必要を感じないでいることも許していただけるであろう。

ところで「刷新」とは, 要するに, 悪いところを改めて新しくするために, 汚れたものを取り除くことにほかならない。だから「伝統」の対立概念ではない。「伝統」とは, 言葉の意味するところに即して考えるならば, 系統を受け継ぐことであり, また昔からの風俗や習慣や思想などを受け継ぐことである。伝統そのものは, 必ずしも刷新されるべき「悪いもの」ではない。刷新が必要な伝統があるとすれば, 当該の伝統の側に何らかの改めるべき悪いところが生じているということになる。

それでは, 中世ヨーロッパにおいて刷新を必要とするような伝統が存在していたのであろうか。「中世ヨーロッパにおける伝統と刷新」というとき, どのような「伝統と刷新」を想定することができるであろうか。本集で取り上げたのは, 以下のような五つの「伝統」とその「刷新」である。

中世キリスト教思想にみる伝統と刷新 ― トマス・アクィナス『神学大全』の場合 ― :『神学大全』においてトマス・アクィナスが提唱する「サクラ・ドクトリーナ」は, 13世紀西欧思想界におけるアリストテレス哲学の受容を可能にした。そのことが, 伝統的なキリスト教神学としての「聖書神学」と新たにもたらされたアリストテレス神学の対立を克服して, 新たな思索の次元を生み出すことになった。この点に着目して, キリスト教世界における知的伝統の継承と刷新がどのようになされたか, その跡を辿る。（水田英実）

中世イングランドにおける伝統と刷新 — 刷新は異文化接触から — ： 異質のものが接触することで変化を引き起こし刷新が望まれるようになる。同質のものが集まっている場合，内部からの批判や新しいものへの希求が自然に出てくることはまれであろう。そこでは伝統や慣習が遵守され，現状を維持することに問題が感じられないからである。刷新の契機は，異文化接触など外的刺激を受けてもたらされるのではないか。ノルマン征服後イングランドでの司教座教会や修道院の事例から考察する。（山代宏道）

　フランス中世文学にみる伝統と刷新 — トリスタン伝説と『狐物語』を例に — ： トリスタン伝説の起源の一つをケルトの駆け落ち譚に求め，その物語構成要素のどの要素がフランス中世の『トリスタンとイズー物語』のなかにどのように受け継がれたかをみる。さらにフランス中世の『トリスタンとイズー物語』の諸版を比較し，その相違を，聴衆／読者の期待によりよく応えようとする，文学における一種の刷新だとみる視点から検討する。（原野　昇）

　「トパス卿の話」に見る伝統と刷新 — ロマンスの言語の解体と創造 — ： 『カンタベリー物語』の一つ，チョーサー自身が語る「トパス卿の話」は，当時世俗的な作品で最も流布していたロマンス作品のパロディである。チョーサーはその常套的な表現を聴衆に意識させる一方，それを独自の文脈に溶解させ，新たな価値を創造している。「トパス卿の話」の種々の表現レベルに着目し，チョーサーが「マクロ」的な価値をいかに「ミクロ的な価値」に変容させているか，またその変容の文学的な意義とは何かを考察する。（中尾佳行）

古期英語の伝統と刷新 —「海ゆく人」の継承 —： アングロ・サクソン詩「海ゆく人」とそれを翻訳した現代の詩人エズラ・パウンド (1885-1972) の詩「海ゆく人」を音韻・統語・語彙の視点から比較し，類似点と相違点を見出して英文学における伝統と刷新の一端を眺める。原典にあるストイックな考え方にキリスト教が融合していた世界とは別に，パウンドの詩では宗教性が排除されている。人間そのものが神になり，自分を中心に物事を展開する新たな厳しいストイックな生き方への姿勢を見る。 （地村彰之）

目　　次

まえがき ……………………………………………… 1

中世キリスト教思想にみる伝統と刷新
　── トマス・アクィナス『神学大全』の場合 ──
　　　　　　　………… 水田 英実 … 9

中世イングランドにおける伝統と刷新
　── 刷新は異文化接触から ──
　　　　　　　………… 山代 宏道 … 45

フランス中世文学にみる伝統と刷新
　── トリスタン伝説と『狐物語』を例に ──
　　　　　　　………… 原野　昇 … 87

「トパス卿の話」に見る伝統と刷新
　── ロマンスの言語の解体と創造 ──
　　　　　　　………… 中尾 佳行 … 135

古期英語の伝統と刷新
　──「海ゆく人」の継承 ──
　　　　　　　………… 地村 彰之 … 165

あとがき ……………………………………………… 197

Contents ……………………………………………… 199

著者紹介 ……………………………………………… 200

中世ヨーロッパにおける伝統と刷新

中世キリスト教思想にみる
伝統と刷新
—— トマス・アクィナス『神学大全』の場合 ——

水 田 英 実

はじめに

　ラテン中世においても，ギリシア哲学がキリスト教思想に転機をもたらした。アリストテレスの著作（西欧思想界では，6世紀以降論理学書の一部を除いて見失われていた）が，翻訳を通して13世紀初頭の西欧世界に姿を現わしたことから，対処の仕方をめぐって生じた混乱の収拾を図らなければならなくなったのである。受容するか排除するかという単純な択一で解決できるものでなかったことは言うまでもない。

　ところで，キリスト教の成立 (1世紀) とともに哲学史上の中世が始まるという時代区分がなされうることは，夙に知られている。ユーベルベク『哲学史綱要』も「キリスト教の出現は，哲学の歴史においても一つの決定的な転回点を示している。宗教における新しいものは，哲学における新たな出発の前提となった」(vol.2, p.1) と述べてから，中世哲学史を扱う第2巻の叙述を始める。まずイエス・キリストの人と思想について述べ，次に使徒パウロと使徒ヨハネの思想における

哲学的要素を取り上げ，2世紀に進んでユスティヌスなどの護教家たちに触れているのである。

「ローマの平和(pax Romana)」と呼ばれた時代に，地中海世界の片隅に生まれたキリスト教が，ギリシア哲学と遭遇したことによって，ドグマを形成し，いわば新たな装いを身に着けていく。いっぽう，ギリシア哲学もまた聖書の世界に触れたことによって，従来のギリシア哲学において取り上げられることのなかった，新たな課題を引き受ける。思索のかぎりを尽くして真理を探求する哲学が，理性の真理とは別の，啓示の真理という，信仰によって理屈抜きで受け入れるべきことがらに対する態度決定を迫られたのである。

紀元後の最初の数世紀間，思想史上の動向の一つとして，ネオ・プラトニズムなどによって従来からのギリシア哲学の系譜が継承され，上述の態度決定にかかわることなく自らを展開させている。しかし他方，キリスト教プラトニストと呼ばれる人たちが輩出し（*cf.* チャールズ・ビッグ『アレクサンドリアのキリスト教プラトン主義者たち』(1886)），新しい系譜を形成するにいたる。

ギリシア哲学の中に求めて得ることのできなかったものを，キリスト教の中に見出して改宗した思想家たちは，要するに従来のギリシア哲学を逸脱したのである。しかしこの人たちは結局，単なる亜流でしかなかったのか，それとも哲学の新しい伝統を生み出したのか。

ヘレニズムとヘブライズムの交渉を通して中世哲学が成立したという見方に従うならば，最盛期を迎えた古代ローマが

やがて東西に分裂し，西ローマ帝国の終焉を迎えるにいたる時期に，中世哲学は既に古代哲学と併存していたのである。たしかにプラトン以来のアカデメイアは，529年にユスティニアヌス帝によって閉鎖されるまで連綿と続く。そのいっぽうで，キリスト教古代と目されるこの時期は，アウグスティヌス (Augustinus, 354-430) を始め，「教父」と呼ばれるキリスト教思想家たちによる聖書解釈を通して，伝統的なキリスト教思想が形成された時代でもあった。

しかしボエティウス (Boetius, c.480-524/5) の時代を最後に，ラテン世界ではプラトンやアリストテレスの著作は見失われてしまう。「476年の西ローマ帝国の滅亡後，西欧キリスト教世界は最初の暗黒時代を迎える」(アラン・ド・リベラ『中世哲学史』) のである。

ボエティウスは「最後のローマ人 (le dernier des romains)」であると同時に「西洋中世最初の哲学者 (le premier philosophe du Moyen Age occidental)」でもあった。その後，9世紀のカール大帝の時代を挟んで，11世紀にスコラ哲学の時代が始まる。しかし翻訳によってアリストテレスの著作が，ビザンチンやイスラム圏から西欧ラテン世界にもたらされるためには，12世紀後半まで（プラトン全集は15世紀にフィチーノ (Ficino, 1433-1499) が翻訳するまで）待たなければならなかった。

とはいえ，12世紀後半から13世紀に掛けて，ラテン中世におけるキリスト教思想は，大きな転機を迎える。アリストテレスの哲学的神学に触れたことが，従来からの伝統的なキリスト教神学に刷新を余儀なくさせたのである。章末にアリ

ストテレスの著作のラテン語訳をめぐる当時の状況を記しておく。

1. 伝統とは何か

ところで「伝統」に対応するラテン語は，traditio(トラディチオ)であろう。これは,「手渡す」(tradere < trans-do)という動詞からつくられた名詞である。だから，(1)「引き渡し」という意味を残している。(ちなみに敵対者に引き渡すのは裏切り行為である。「ユダはその時から引き渡すよい機会をねらっていた。」(『マタイによる福音書』26,16. そこで 'traditor' は，次の (2) の意味で 'teacher' であるけれども，'betrayer' を意味する語でもある。) それに加えて，(2)「知識の伝達」という意味を有する。さらに具体的に，(3) 昔からの「言い伝え」や「信仰」の類を指すこともある。

「伝統と刷新」という標記のテーマに促されて，ヴルガタ訳『聖書』を開いてみると,『マタイ伝』(15 章) や『マルコ伝』(7 章) から,「言い伝え」と和訳される traditio(トラディチオ) の用例を拾うことができる。そこでは，モーゼが神から授かったとされる律法そのもの (トーラー Tôrāh 。特にモーゼ五書あるいは旧約聖書全体を指す。) に対する，律法を守るために後から定められた様々の細々とした規則 (ミシュナー Mišnāh あるいはそれを含んでさらに拡大させたタルムード Talmūd) が「昔のひとの言い伝え」(traditio seniorum) と呼ばれている。

イエスは，このような「言い伝え」を批判した。ただしイエスが特に指摘して批判しているのは，ファリサイ派の人々

や律法学者たちがこのような言い伝えを「昔の人」に帰して権威づけ，人間がつくったものであるにもかかわらず，神の掟よりも重要視した点であった。

『マタイによる福音書』には次のように記されている。

> ときに，ファリサイ派の人々と律法学者たちが，エルサレムからイエズスのところにきて言った。「なぜあなたの弟子たちは，昔の人の 言い伝え を破るのですか。かれらは食事の前に手を洗いません。」イエズスはかれらに答えて次のように仰せられた，「なぜあなたがたは，自分たちの 言い伝え をたてにとって，神のおきてを破るのか。神は『父と母を敬え。父または母をののしる者は死刑に処せられる』（cf.『出エジプト記』20,12; 21,17.『レビ記』20,9.）と言われた。しかし，あなたがたは言う，「父または母に向かって，《あなたを助けるためにさしあげようと思っていたものは，すべて神への供え物としました》と言う者は，父または母を敬わなくてもよい」と。このように，あなたがたは自分たちの 言い伝え をたてにとって，神のことばをむなしくしている。偽善者たちよ，イザヤはあなたがたについていみじくもこう預言した。
>
>> 『この民は口さきでわたしを敬うが，その心はわたしから遠く離れている。かれらはわたしを拝むが，むなしいことである。かれらの教える教えは人間のつくった戒めであるから。』（『イザヤ書』29,13）
>
> （『マタイによる福音書』15,1-9. 下線筆者。以下同じ。）

『マルコによる福音書』にも同じ記事が記されている。

> それでファリサイ人と律法学者たちはイエズスに尋ねた，「どうしてあなたのでしは昔の人の 言い伝え どおりにふるまわず，清められていない手でパンを食べるのですか」と。

イエズスはかれらに仰せられた，「イザヤはあなたがた偽善者についてよく預言し，こう書きしるしている。

『この民は口さきでわたしを敬うが，その心はわたしから遠く離れている。かれらは人間の戒めを教えとして教え，いたずらにわたしを拝んでいる。』（『イザヤ書』29.13）

あなたがたは神のおきてをなおざりにし，人間の 言い伝え を固く守っている。」またイエズスはかれらに仰せられた，「あなたがたはあなたがたの 言い伝え を守るために，よくも神のおきてをないがしろにしている。モーセは，『あなたの父と母を敬え』と言い，『父または母をののしる者は死刑に処する』と言っている。それにもかかわらず，あなたがたは，もしだれかが父または母にむかって，『わたしの物であなたに役だつ物はなんでもコルバン，すなわちささげ物です』と言えば，もうその人が父または母のために何もできないようにしている。こうして，あなたがたは受けついでゆく 言い伝え によって神のことばをむなしくし，またこれに似たようなことも多く行っている。」

(『マルコによる福音書』7,5-13.)

ヴルガタ訳『聖書』には，ユダヤ人たちが信奉する父祖伝来の宗教としての「ユダヤ教 (Iudaismus)」を「先祖からの伝統 (traditiones paternae)」と呼んでいるところもある。『ガラテア人への手紙』の中でパウロは次のように述べている。

わたしがのべ伝えた福音は，人間によるものではありません。わたしはそれを，人間から受けたのでも，教えられたのでもなく，イエズス・キリストの啓示によって受けたのです。かつてユダヤ主義者として，わたしがどのように振舞っていたか，あなたがたは聞いています。わたしは徹

底的に神の教会を迫害し，滅ぼそうとしていました。先祖からの 伝統 を守るのに人一倍熱心で，同じ年頃の同胞にまさってユダヤ主義に徹しようとしていました。

(『ガラテア人への手紙』1,11-14.)

このような用例に照らして，「伝統」とそれに対する「刷新」のあり方を考えてみよう。

　まず，「律法」を通して伝えられた神の教えに反するかぎり，行きすぎた内容をもつ「言い伝え」は，たとえそれがtraditio(トラディチオ)であったにしても，斥けられなければならなかった。ここに刷新の一つのあり方が見出される。「神の掟」と「人間の言い伝え」を対比させたうえで，「悔い改め」を促し，過ちを是正して，本来の信仰生活に復帰すべきことを説くことによって，伝統的・人間的な宗教理解の一新を迫っているからである。

　ところでこの「神の掟」と「人間の言い伝え」の対比ではなく，別の対比に伴う刷新もある。そこでも，「イエズス・キリストの啓示によって受けた福音」が「人間によるものではない」ことが確認される。その上で，「律法」ではなく「信仰」による救済を説く新しい教えの存在が示される。このようにして信仰による新しい教えがもたらす，いま一つの「刷新」のあり方が見出される。

　パウロは自らを指して言う。「かつてわれわれを迫害した者が，そのとき滅ぼそうとした信仰を，今では宣べ伝えている (qui persequebatur nos aliquando, nunc evangelizat fidem, quam aliquando expugnabat)。」(同 1,23-24.) パウロの話を聞いたひ

とたちは「神に栄光を帰し」たという。回心したパウロは，自らが受けた啓示の教えを人々に伝えたのである。

しかもその「よきおとずれ（福音）」の告知は，ユダヤ人たちに対してだけでなく，すべての国の人々に向けてなされた。パウロは言う。

> 「母の胎内にあるときからわたしを選び分け，恵みをもって召し出してくださったかたが，異邦人に 宣べ伝える ために，おん子を わたしのうちに喜んで啓示された（qui me segregavit de utero matris meae et vocavit per gratiam suam, ut revelaret Filium suum in me, ut evangelizarem illum in gentibus）。」（同 1,15-16.）

特にパウロが「異邦人の使徒」と呼ばれる所以である。この点でも新しい教えは，旧来のユダヤ人たちの伝統と異なる。パウロだけでなく使徒たちはみな，復活したキリストから「全世界に行き，全被造物に 福音をのべ伝えよ（Euntes in mundum universum praedicate evangelium omni creaturae.）。」（『マルコによる福音書』16,15.）という使命を受けたのである。

そこで，いま『神学大全』を取り上げて，そこにみる「伝統と刷新」について論じるに際しても，それがキリスト教の教えにかかわるものであるかぎり，traditio（トラディチオ）が持つ，上述のような 二つの局面に注意することが必要であろう。教えをとりまくことがらに関して生じた過ちの是正という課題が，どのように果たされているかという側面をみることが求められるだけではない。教えそのものがもつ「福音を宣べ伝える（praedicare evangelium, evangelizare）」という次元での「刷新」を，どのように受けとめているかという点に注目す

ることを要するからである。

2. 『命題集センテンチア』から『神学大全スンマ』へ

『神学大全スンマ』*Summa theologiae* は，西欧 13 世紀に執筆されたキリスト教思想界の大伽藍である。著者は言うまでもなくトマス・アクィナス（Thomas Aquinas, 1224/5-1274）である。1252 年から命題集講師としてペトルス・ロンバルドゥス（Petrus Lombardus, c.1100-1160）の『命題集センテンチア』*Sententiarum libri quatuor* の注解を担当した後，1256 年にパリ大学神学部教授に就任したトマスは，1274 年に死去するまで，様々なかたちで神学教育に携わっている。『神学大全スンマ』第 1 部の執筆に取り掛かったのは 1265 年，第 2 部を書き終えて，第 3 部に着手したのは 1272 年，しかし秘蹟論の途中で筆を折ってしまい，未完に終わる。

(1) 神学教授

ところで，「神学教授（magister in sacra doctrina）」という呼称が用いられるようになったのは，比較的新しい時期である。13 世紀に一般化したけれども，それ以前には，神学教育に携わる教授たちを「聖書教授（magister in sacra pagina）」と呼ぶのが普通であった。

もっとも呼称が変わったからといって，神学教授の本務として以前から行われてきた聖書講義 ── それは聖書の中から一部を切り出し，テキストのない受講生のために音読したあと，テキストをいくつかに切り分けて文脈を知る手がかりを与えてから，一語一語読み進み，聖書の他の箇所との整合

を図り，教父たちの様々な解釈を照合し，矛盾があれば賛否両論に分かれて議論をして合理的な解決を見出すという仕方で行われた，── その点に変わりがあったわけではない。

　トマス・アクィナスも神学教授として多数の『聖書注解』を残している。『イザヤ書』『エレミヤ書』『詩篇』『ヨブ記』『マタイによる福音書』『ヨハネによる福音書』『パウロ書簡』等についての注解を著したほか，『黄金の鎖』Catena aurea と呼ばれる，『四福音書』についてギリシア教父・ラテン教父たちが残した注解の集成を編んでいる。

　この時期に「聖書教授」という従前の呼称に代わって，「神学教授」という新しい呼称が用いられるようになったのは，この時期に神学の教授法に何らかの変化があったことを示唆している。それは12世紀にペトルス・ロンバルドゥスによって教科書風の『命題集』が編纂されたことから始まる。

　ペトルス・ロンバルドゥスの『命題集』は4巻からなっていた。最初にアウグスティヌスの『キリスト教の教え』De doctrina Christiana を拠り所にして，「ものとしるし」の議論を取り上げた後，最初の3巻を「もの」について論じる部分にあて，三位一体論・創造論・キリスト論・徳論を扱う。第4巻は「しるし」について論じる部分であって，秘蹟論を内容としている。

　この『命題集』が著わされたことによって，聖書講義にも変化が生じた。『聖書』の各書を順に読み進む聖書講義とは別に，各書のテキストや順序にしばられない仕方で，いわば組織神学（教義を系統的・組織的に取り上げるところに特徴があ

る。術語として定着するのは17世紀以降である。)の授業が行われることになったからである。聖書教授から神学教授への呼称の変化もここから生じた。

アルベルトゥス・マグヌスの推挙を受けて，神学教授候補者としてパリ大学神学部で教え始めたトマス・アクィナスは，教授就任の要件を満たすために，しばらくの間（1254-56）ロンバルドゥスの『命題集（センテンチア）』を注解する仕事に従事している。それが当時の神学教育・教授養成のやり方でもあった。命題集講師の経験を通して改革の必要に気づいたトマスは，『対異教徒大全』 *Summa contra gentiles*, (1261-63) における試みを経て，いっそう明確な意図をもって，キリスト教神学の教育にかかわる刷新に取り組む。その成果が『神学大全（スンマ）』である。

（2）『神学大全（スンマ）』

『命題集（センテンチア）』から『神学大全（スンマ）』への移行においてどのような改革が意図されたのであろうか。『神学大全（スンマ）』においてトマスは，言うところの「聖なる教え（サクラ・ドクトリーナ）（sacra doctrina）」としての神学の主題は何かという問に対して，「神がこの学の主題である。(Deus est subiectum huius scientiae.)」(『神学大全』1. q.1 a.7c)）と答えている。

> 聖なる教えにおいては，すべてが神の観点のもとに扱われる。あるいはそれが神自身であるが故に，あるいはそれが始原と究極としての神への秩序を有するものであるが故に。だから神が真にこの学の主題であることが帰結する。

「聖なる教え（サクラ・ドクトリーナ）」としての神学は，神を主題とする学であるこ

とが明言される。それはトマスが，学としての統一性の根拠について独自の見解を有していることの表明でもあった。この学において扱われる内容は多岐にわたるにしても，「すべてが神の観点のもとに」扱われるところに，学としての統一性を見出しうると考えているのである。

たしかに『聖書』に記されたことがらは，内容的にみて，様々の分野にまたがっており，様々の学問的知識の対象となりうる。しかし「信仰箇条」を根本原理として得られる知識である点で，変わりがない。もっとも「この学において取り扱われることがら」のほうに注目して，「それらのことがらがそれにもとづいて取り扱われる観点」に注目しない場合は別である。学問的知識は対象の相違にもとづいて区分されるとしたら，神学に対してもそのような学問分類の仕方を適用することができる。このような分類に従ったひとたちは，神学の主題について必ずしもトマスのように考えたわけではない。

そのひとたちは，すべてが「神への秩序」のもとに扱われるという視点に立つのでなく，扱われることがらに注目して，「ものとしるし」「修復のわざ」あるいは「全キリストすなわちその頭と肢体」が神学の主題であると考えたのである。ロンバルドゥスの『命題集』において，その主題が「ものとしるし」にあるとされたことは，前述のとおりである。この点で，トマスの『神学大全』が，ロンバルドゥスの『命題集』を批判していることは明らかである。前掲箇所（第7項）に続いてトマスはさらに次のように述べる。

このことはまた，この学の根本原理である信仰箇条からも明らかになる。信仰は神に関するものである。しかるに根本原理と学全体の主題は同じものである。学全体は可能的に根本原理のうちに含まれているからである。ところがある人たちは，この学において取り扱われることがらに注目して，それらのことがらがそれにもとづいて取り扱われる観点に注目しなかったために，この学の主題を別な仕方で考え，「ものとしるし」，「修復のわざ」あるいは「全キリストすなわちその頭と肢体」などと見なした。じっさいこの学においてこうしたことがらがみな取り扱われる。しかしそれらは神への秩序のもとに取り扱われるのである。

『神学大全』の執筆に際して，トマス・アクィナスが『命題集』を刷新する意図をもっていたことは，同書序文において次のように述べていることからも明らかである。

そこではまず，第一段落において，「カトリック的真理を教える教師」として，『神学大全』を執筆する意図が，「初級者に教えるのにふさわしい仕方で，キリスト教に関することがらを <u>伝える</u> こと」にあることを宣言する。

カトリック的真理を教える教師の使命は，上級に進んだ人たちを教育しなければならないだけではない。初級者を教えることもまたその任務に属している。それは使徒パウロが『コリント人への第一の手紙』(3,2) において「あたかもキリストにおける幼児に対するがごとくに，わたしはあなたたちに，噛まなければならない食べ物を与えたのではなく，飲むことができる乳を与えた」と記しているとおりである。だからわれわれがこの書において意図するところは，初級者を教えるのにふさわしい仕方で，キリスト教に関することがらを <u>伝える</u> ことである。(Quia catholicae veritatis doctor non solum provectos debet instruere, sed ad eum pertinet etiam incipientes erudire, secundum illud apostoli I ad Corinth. 3: tanquam parvulis in Christo, lac vobis potum dedi, non escam; propositum nostrae intentionis in hoc opere est, ea quae ad Christianam religionem pertinent, eo modo <u>tradere</u>, secundum quod congruit ad eruditionem incipientium.)〔下線筆者〕

つぎに,「いろいろな人たちによって書かれた」神学教科書そのものが,「この教えの入門者たちにとって,大きな障害になっている」と指摘して,明確に刷新の意図を表明する。改訂を要する当時の神学教科書の筆頭が,ペトルス・ロンバルドゥスの『命題集』にほかならなかった。ここには,ロンバルドゥスの『命題集』を用いてじっさいに命題集講師の職務に従事したトマス・アクィナス自身によって,改善すべき点が列挙されている。

　　思うに,この教えの入門者たちにとって,いろいろな人たちによって書かれたものが,大きな障害になっている。それは一つには,必要のない問題,項目,論証がいたずらに加増されているからである。また一つには,初級者が知っておかなければならないことがらが,学習の順序によってではなく,それらの書物の解説に必要なかぎりで,あるいは討論の際にその場で提示されたかぎりでしか<u>伝えられる</u>ことがないからである。さらにまた一つには,同じことがらの頻繁な繰り返しがあると,それが聞き手の心中に,倦怠と混乱を生みだしてしまうからである。(Consideravimus namque huius doctrinae novitios, in his quae a diversis conscripta sunt, plurimum impediri, partim quidem propter multiplicationem inutilium quaestionum, articulorum et argumentorum; partim etiam quia ea quae sunt necessaria talibus ad sciendum, non <u>traduntur</u> secundum ordinem disciplinae, sed secundum quod requirebat librorum expositio, vel secundum quod se praebebat occasio disputandi; partim quidem quia eorundem frequens repetitio et fastidium et confusionem generabat in animis auditorum.)〔下線筆者〕

このように述べて，十年余の教授歴を持つ気鋭の神学教授として，トマス・アクィナスはこの序文を次のように結ぶ。そこでは，『神学大全』の執筆開始に際して，神助に信頼しつつ，「教え」の内容を適切に伝える工夫をこらす所存であることを表明している。

　われわれは，これらのことがらを，またこれに類する他のことがらを，避けるように努めながら，神の助力に信頼して「聖なる教え（サクラ・ドクトリーナ）」に属することを，ことがらが許すかぎり簡潔明瞭を旨として追求してみたいと思う。(Haec igitur et alia huiusmodi evitare studentes, tentabimus, cum confidentia divini auxilii, ea quae ad sacram doctrinam pertinent, breviter ac dilucide prosequi, secundum quod materia patietur.)

じっさい，トマス・アクィナスの『神学大全』は，「神の観点のもとに」という統一的視点に立って，諸事物が神から出て神に戻るという大きなダイナミズムに着目し，神そのものと神による世界創造を論じ（第1部），究極目的としての神の至福直観に向かう人間の，神への運動として，人間の諸行為について論じ（第2部），神と人間を仲介する，神に向かうための道なるキリストについて論じる（第3部）。

このような三部からなる構成をとって、取り上げるべき問題を精選し、異論の数も必要最小限度にとどめているのである。そこで、一つにはこの点に、『神学大全』における伝統と刷新のあり方を見出すことができる。神学教育の領域において、『聖書』とその解説をとおして伝えられてきたことがらを保持しつつ、伝え方に工夫を加えるという仕方での刷新の試みを看て取ることができるからである。

この背景には、次のように言われる事情があった。

> 十二世紀から十三世紀にかけて西欧においては、各地の大学を中心に神学の研究が隆盛をきわめ、教父たちの主要な教説をまとめた『命題集』の註解という形で多くの問題についての講義が行われるとともに、聖書、教父、アリストテレスをはじめとする哲学者たちの著作の註解が書かれ、またしばしば討論会が催され、その過程は筆記され、その結果おびただしい神学哲学の著作が産出された。このスコラ学の隆盛は他面において、学問の無益な煩雑化をももたらした。トマス自身これまで『命題集』の註解を書き、聖書や哲学者の著作を解説し、また多くの討論会に参加してきたのであるが、いまや煩雑な諸問題を整理し、なしうるかぎり簡潔明快な形で、神学全体の体系的叙述をこころみようとするのである。(山田晶訳 トマス・アクィナス『神学大全』p.78, 第一部序文訳者注2.)

3．『聖書』と「聖なる教え(サクラ・ドクトリーナ)」

しかしながら、伝統に対する刷新のいま一つのあり方を見出すことができる。『神学大全』において意図されているのは、初級者（といっても、神学教育を受ける専門課程に進級

した神学生たちであるから，まったくの初学者ではない。）にふさわしい仕方で「キリスト教に関することがら」を教授するために，障害となる不適切なことがらを排除することだけではなかったからである。『神学大全』第一部の序文の最後には，「神の助力に信頼して聖なる教え（サクラ・ドクトリーナ）に属することを，ことがらが許すかぎり簡潔明瞭を旨として追求してみたい」という意図が表明されている。それは，特に「啓示されうること（revelabilia）」の領域において，新たな開発の試みがなされたことを意味していた。

（1）「啓示されうることがら（revelabilia）」

「啓示されたこと」に加えて「啓示されうること」が存在するということは，トマスが『神学大全』の最初の設問（第1部第1問）において既に明瞭に言及していたことである。そこでは，「聖なる教え（サクラ・ドクトリーナ）とはいかなるものであるか，またいかなる範囲に及ぶか」と問い，「人間の救済」のために「啓示」が必要な理由を二つあげた上で（第1項），それに対応させて，万有の第一原因としての神について論じる哲学的諸学問が既に確立されているにもかかわらず，それとは別の教えによって，神について知を得る必要性があると論じる。

「人間理性によって追求される哲学的諸学問のほかに，神の啓示による何らかの教の存在することが必要であった」（第1項）とされる第一の理由は，次のように言われるところにあった。

そもそも人間は神を目的としてこれに秩序づけられている

> が，この目的たるや，〔中略〕理性の把握を超えている。し
> かるに自分の意図と行為とを目的に対して秩序づけるべき
> 人間たちには，まずもってその目的が知られていなければ
> ならない。それゆえ人間理性を超える或ることがらが神の
> 啓示によって知らされることは，人間にとってその救済の
> ために必要であった。（トマス・アクィナス『神学大全』1, q.1,
> a.1 c. 山田晶訳 p.80.)

　これは，啓示によらなければ誰も知ることができないので
あるから，「絶対に必要な啓示である。神の三位一体，御言(みことば)
の受肉のごとき真理がこれに属する。」(同，p.83, 訳者注 12.
なお，『対異教徒大全』(4,27) の中に，トマスが「御言(みことば)の受肉」に
ついて，次のように述べているところがある。「神の権威がわれわ
れに示すところに従って (auctoritate divina tradente)，われわれ
はこの驚嘆すべき神の受肉を信じると告白する。『ヨハネによる福
音書』(1,14) に，みことばは人となり，われわれのうちに宿った
と言われているからである。」) しかし，もう一つ別の理由が
あった。それについてトマスは次のように言う。

> のみならず，神について人間理性によって追求されうるこ
> とがらに関しても，人間は神から教を受ける必要があった。
> なぜなら，神についての真理は，もしそれが理性によって
> 追求される場合には，僅かな人々だけに，長い時間をかけ
> て，しかも多くの誤謬をまじえてかろうじて人間にもたら
> されたことであろうが，まさにかかる真理にこそ，神のう
> ちに存立する人間の全救済はかかっているからである。そ
> れゆえ救済がより適切確実な仕方で人々にもたらされるた
> めに，神のことがらについて神の啓示によって教えられる
> 必要があったのである。（同，pp.80-81.)

中世キリスト教思想にみる伝統と刷新　27

　「啓示されうることがら」は，この領域に存する。「これは人間理性によって到達可能ではあるが，現実の人間の生においては，少数の人々にしか到達しえないような神に関する真理である。」(同，p.83, 訳者注 13.) これについて同訳者注はさらに次のように詳しく説明している。

　　これは啓示されることが人間にとって絶対必要というのではなく，人間の現実的状態にかんがみて，理性認識の領域にまでさしこんでくる神の啓示である。理性による探究可能な神に関することがらとは，神の存在，およびこれに関連して知られる神の諸属性に関する認識である。それは既に哲学者たちによって探究され発見されてきた真理であるが，そのうちにはまた多くの誤謬が混じているから，トマスは啓示の光のもとにこれらの哲学者たちの神についての知の全体を聖なる教のうちに包摂しようとするのである。その際，哲学者たちの認識を判定する基準となるのは，モーゼ以来，預言者たちを通して与えられてきた神についての啓示である。その主なるものは，神の存在，一性，永遠，全能，世界の創造主たること，等である。（同，pp.83-84.）

この領域に存することがらを，トマス自身もまた「啓示されうることがら (revelabilia)」と呼んでいる。その箇所では，「聖なる教えは一つの学であるか」（第 3 項）という問題が論じられている。
サクラ・ドクトリーナ

　　たとえば共通感覚の対象は「感覚されうるもの」で，それは「見られうるもの」をも「聞かれうるもの」をも自らのうちに包含しているから，共通感覚は一つの能力でありながら五感のすべての対象に及ぶのである。同様に聖なる教は，一つの学でありながら，種々ことなる哲学的諸学において取り扱われることがらを，それらがすべて「神から啓

> 示されうるもの」であるという一つの観点のもとに考察することができる。(『神学大全』1, q.1, a.3 ad 2, 同, p.89.)

ここにいう「神から啓示されうるもの (divina revelabilia)」についても，次のような詳しい訳者注がある。

> ここで「啓示されうるもの」といわれるものは，狭義の「啓示」revelatio よりも広い内容を包含する。狭義の「啓示」が人間理性を超越し，ただ神からの啓示によってのみ知られうることがら，したがってまた，絶対に信仰によって受け取られるべきことがらのみを意味するのに対し，「啓示されうるもの」は，理性によって到達可能ではあるがその正確な認識が人間にとって困難であるようなことがらにまで及んでいる神の啓示を包含する（本問一項主文）。それは自然理性の光と啓示の光とが交錯する領域を包含する。ジルソンはこのような領域に「キリスト教哲学」の成立の可能性の根拠を認める。(同, p.91, 訳者注11.)

そうだとすればこの点に，啓示の書としての『聖書』と「聖なる教え」の連続性を看て取ることができよう。「神の啓示 (revelatio divina)」は「聖書と聖なる教えの基礎 (super quam fundatur sacra Scriptura seu doctrina)」(同, q.1 a.2 ad 2.) にほかならないと言われるからである。

(2) アリストテレス説との対決

西欧思想界にもたらされたアリストテレスの哲学は，万有の第一原因について考察する哲学的神学をも包括しており，合理的な根拠をあげて世界の永遠性を提唱するものであった。しかし，そのような仕方で世界の永遠性を提唱するアリストテレス説は，「始めに神が天と地を造った」(『創世記』1,1.)

という聖書の教えと相容れないように思われる。じっさい，世界の永遠性が「ある」か「ない」か，いずれかであって，中間がありえないとすれば，『聖書』の教えにもとづく伝統的キリスト教神学は，このようなアリストテレス説に対して，どのように対応することができたのであろうか。たとえばボナヴェントゥーラ (Bonaventura, c.1217-1274) を代表とするひとたちは，アリストテレス哲学からキリスト教思想に反する部分を切り捨ててしまい，いわば木に竹を接ぐようにして，アリストテレスを取り込んだ。

しかし，トマス・アクィナスは別の道を見出している。自然理性そのものが神の賜物である以上，アリストテレスが理性的思索にもとづいて導出した合理的結論を単純に排除することは，適切を欠くことであった。かえって，キリスト教思想との整合性を見出しうることが確信されている。理性も信仰も同じく神に由来するからである。むろんトマスもまた，時として，アリストテレス説の中に含まれている誤りを指摘することは言うまでもない。

先に述べたように，アリストテレスは世界の永遠性を提唱した。しかしその主張は，茫漠としてとらえどころのない「質料」が先に存在していて，それが形をとることによって世界が形成されると見るところから来ている。そのような世界創世説に立って，「質料」という始めもなく終わりもないカオスのごときものの存在を前提するから，「質料の永遠性」を肯定する結論が導出されたのである。ところがキリスト教思想において，神による世界創造は「無からの創造（creatio ex nihilo)」を意味する。それは世界の創造者としての神が，ただ自らの意志のみによって，他に何ものの存在も前提することなしに，まさに世界全体を創造することとして,「質料の創造」をも含意している。

　無からは何も生じない。しかしこのテーゼが適用される「世界」の範囲を無際限とみるか，有限とみるか，相違点がそこにあるとすれば，いずれの立場に与するかによって結論は異なる。この点を考慮すれば，必ずしもアリストテレス説を全面的に排除しなければならないと決めつける理由はないと言えるからである。世界の有限性を前提として受け入れることができるならば，世界全体の原因となる，存在の第一原因を措定して，それを神と呼ぶという存在証明が成り立つ。しかしこれによって，世界の無始無終を主張する前提として，世界の無辺性を提唱する立場をとる余地が，全面的に排除されるわけではない。世界全体をあまねく認識しうる存在は，神的存在を措いてほかにないと言わなければならないからである。

　この問題を詳論している箇所が,『神学大全』の中にある。第1部第44問－第46問である。第46問第1項「被造物の世界は常に存在していたか (Utrum universitas creaturarum semper fuerit.)」においてトマスは次のように主張する異論をとりあげている。

　　「不生のもの」には，存在し始めるということがない。ところでアリストテレスは『自然学』第1巻において質料が不生であることを証明している。また『天地論』第1巻に

おいて天界が不生であることを証明している。だから事物の世界には存在し始めるということがない。（『神学大全』1, q.46, a.1, arg.3）

この異論に対する解答として，トマスは次のようにいう。

アリストテレスは『自然学』第1巻において，質料にはそれを担う基体がないからという理由で，質料が不生であることを証明している。また『天地論』第1巻において，天界にはそれから生じる反対的なものがないからという理由で，天界が不生であることを証明している。一部のひとたちは，特に天界について，このことを主張した。しかしいずれを根拠にするにしても，帰結するのは，質料や天界が生成によって存在し始めたのでないということでしかない。これに対して，先に述べたこと（第45問第2項）から明らかなように，われわれが主張しているのは，創造によって質料や天界が存在のうちにもたらされたということである。(id., ad 3)

もっとも『神学大全』ではこのように述べて，アリストテレス説に対する一定の理解を示しているけれども，『ヨハネによる福音書注解』では，次のように述べてアリストテレス説を斥けている。

アリストテレスは，万物のイデア的概念を神の中に措定し，神において，知性と知性認識するものと知性認識されるものが同一であるとした。その一方で，世界は神と共に永遠であるとした。これに反対して福音記者〔ヨハネ〕は次のようにいう。「始めに，このものすなわち御言葉だけが神とともにあった。」そこにいう「このもの」は，他のペルソナを排除しているのではなく，共に永遠であるような本性のものは〔神以外に〕ないということを意味している。

(『ヨハネによる福音書注解』1,1.)

　ただし，この『注解』において「アリストテレス」の説として言及されていることが，内容的にみて，アリストテレス自身の説の理解として適切か否かは，吟味を要する。いずれにしても一見，『聖書』に書かれていないように見えても，「世界の永遠性」に関する慎重な議論をも含めて，理性的な思索の努力を重ねることによって見出すことができる領域にあることがらは，「啓示されうることがら」にほかならないから，『聖書』と軌を一にする「聖なる教え（サクラ・ドクトリーナ）」としての神学において扱われる。だからこの領域を含む「聖なる教え（サクラ・ドクトリーナ）」は，いわば拡大された「聖書（サクラ・スクリプトゥーラ）」にほかならない。

　この考え方は，神の賜物としての人間理性を用いて，同じく神の賜物としての自然界を詳しく探索し，認識することによって，「啓示されうることがら」の顕在化に努めることを可能にする。伝統的な神学に対してこのような内容的な刷新をもたらしえたところにも，トマス・アクィナスのいう「聖なる教え（サクラ・ドクトリーナ）」の特質を看取することができよう。

4．「聖書」と「聖伝」

　むろん，このような「聖なる教え（サクラ・ドクトリーナ）」が，そのまま「神の霊感」による書物としての『聖書』と同一視されるわけではない。たしかに，二つの神学をめぐるトマスの議論においても，「啓示されたことがら」と「啓示されうることがら」が分けられている。人間の救済のために人間理性を越えたことを教える必要があったと言われることがらと，人間の救済

を確実なものにするために，神的なことについて人間理性の及びうる範囲にあることについても啓示によって教えを受ける必要があったとされることがらが，区別されているからである。

さらに，「啓示されたことがら」は，文字通り聖書に書かれていることであるかということが論じられる（第10項）。この点についても，トマスが，「字義的な意味（ことばによってものが表示される）」と「霊的な意味（ことばによって表示されるものによって別のものが表示される）」の区別を設けたうえで，『聖書』において「信仰に必要なことが霊的な意味のもとに含まれている場合には，聖書の他の箇所で字義的な意味によって伝えられていないものはない（nihil sub spirituali sensu continetur fidei necessarium, quod Scriptura per litteralem sensum alicubi manifeste non tradat.）」（『神学大全』1. q.1 a.10 ad 1.）としていることに十分な注意を払う必要がある。

周知のとおり，トリエント公会議（Sess. 4; 1546）は，「聖書」とともに「聖伝」と呼ばれる，書かれざる伝承にも同等の権威を認めた（pari pietatis affectu ac reverentia）。「聖書のみ」を提唱するプロテスタント信仰と「聖伝」を認めるカトリック信仰の対立点である。もっともトリエント公会議の決定は，「聖書」と「聖伝」が，啓示の二つの源泉（fontes）であることを含意していない。この点で，上述のトマス説は注目に値する。近年の第二バチカン公会議の「啓示憲章」（1965）も，「聖書」と「聖伝」は，「互いに堅く結ばれ，互いに通じている。同一の神的起源をもち，ある種渾然一体をなして，同じ目的に

向かう (Sacra Traditio ergo et Sacra Scriptura arcte inter se connectuntur atque communicant. Nam ambae, ex eadem divina scaturigine promanantes, in unum quodammodo coalescunt et in eundem finem tendunt.)」(*Constitutio Dogmatica de divina revelatione*, n.9) と述べている。

ここでいう「聖伝」は，初代のキリスト教教父たち以来，traditio（παράδοσις）と呼ばれてきたものである。だからこれは，「使徒的伝承」として教会に伝わるtraditioである。しかしこれは，当初から「聖書」の教えを追認するための証しとして，「聖書」から切り離されることのなく伝えられている。その意味で，神から人へ，直接的に与えられたとされる信仰の教えなのであるから，これを単に人から人へ，過去から後世に向けて代々伝わる一つの「伝統」にすぎないとみるのは不適当であることが強調される。

西欧13世紀は，トリエント公会議から始まって，第2バチカン公会議にいたる時期よりも前の時代である。「聖伝」に関する上述のような議論はまだ取り上げられていない。しかし，この時代には別の問題が起こっていた。12世紀から13世紀にかけてアリストテレス哲学が西欧思想界にもたらされたことが，波紋を広げたのである。

アリストテレスの哲学は，言うまでもなく自然理性を原理とする知的営為の所産であった。しかしそこには，万有の第一原因としての神的存在を対象とする哲学的神学が含まれていた。そのために，哲学の一部門とされるこの神学と従来からのキリスト教神学の関係を調整する必要が生じた。あらた

めて「聖なる教え」に属する神学のあり方を模索しなければならなかったのである。

アリストテレス哲学の全貌が明らかになったこの時期には，既にアウグスティヌスを始め，教父と呼ばれるキリスト教思想家たちによって，『聖書』に記された啓示の真理を拠り所として，キリスト教信仰の内容を論理的・体系的に説明すべく，伝統的なキリスト教神学が構築されていた。

ところが互いに原理を異にするものでありながら，伝統的神学とアリストテレスの哲学的神学は，多くの共通点を有していた。しかもアリストテレスの哲学的神学は，経験的知識から引き出される合理的結論として，世界の永遠性を提唱する。この点は「無からの創造」を提唱する伝統的神学と相容れない。いっぽう伝統的神学は，三位一体論やキリスト論といった内容を含んでいる。これらは『聖書』に根拠があったにしても，経験的知識の及ばないことがらである以上，アリストテレスの哲学的神学にとっては全く無縁であった。その点でかえってキリスト教神学の合理性が疑われることにもなったのである。

『神学大全』の最初の設問は，このような状況のなかで，「聖なる教えとはいかなるものであるか，またいかなる範囲に及ぶか」（『神学大全』1. q.1, a.1）と問う。そもそも理性を越えた領域において成立するような学的認識はありえないとすれば，『聖書』の教えにもとづく神学は，理性を越えた内容を扱うかぎり，学的認識でありえない。他方，もし神学が何らかの学的認識として成立しうるとすれば，理性の及ぶ範囲

内で成立する哲学の一部門としての神学しかありえない。このような危機的状況のなかにあって，トマス・アクィナス自身はあくまでも「哲学的諸学問とは別に，啓示によって受け取られる聖なる教えが必要であった」(同，主文)として，二つの神学は，互いに対象を構成する観点を異にする学であって，類的に異なると論じたのである。

トマス・アクィナスのいう「聖なる教え(サクラ・ドクトリーナ)」は，啓示を通してもたらされる「神と至福者の知」に対する下位の学としての学問性を有する。学的認識としての自明性の根拠を上位の学におく下位の学として，「人間の救済のために，人間理性によって探求される哲学的諸学問のほかに，神の啓示による何らかの教えが存在することが必要であった。」それは，(1)人間理性を超えたことがらについても，(2)人間理性の及ぶ範囲の中にあることについても，哲学的諸学問とは別の何らかの教えが必要であったからであるという。この第二の領域において，内容的にアリストテレスの哲学と重なることがらをも論じえたのである。

もっともトマス思想の「斬新さ」に対する反発も生じた。あまりにも大胆な仕方で「聖なる教え(サクラ・ドクトリーナ)」の中に「アリストテレス哲学」を取り入れていると見做されたからである。(そのためにトマス説の一部が禁じられたこともある。) しかしやがてトマスの『神学大全(スンマ)』は，ロンバルドゥスの『命題集(センテンチア)』に代わる新しい神学教科書として広く採用されていった。ヴィトリア (F. de Vitoria, 1480-1566) らに負う結果である。国際法の父と称されるヴィトリアが国家権力の絶対性を否定した

とき，その思想的根拠はトマス説にあったのである。

トマス説が広く受け入れられ，重要視されるようになるために，カエタヌス (Tommaso de Vio Gaetano, 1468-1534) やシルベステル (Francesco dei Silvestri, 1474-1528) によるトマス研究が果たした役割も看過できない。前者の『神学大全注解』と後者の『対異教徒大全注解』は，いずれも『トマス全集（レオニナ版）』に収録されている。16世紀にはスアレス (Francisco de Suarez, 1548-1617) がいて，トマス思想を継承している。

しかし近世に入り，デカルト (René Descartes, 1596-1650) の時代になると，トマス思想は再び見失われる。17世紀以降のことである。既に14世紀に，オッカム (William of Occam, c.1285-1347/9) らの新しい思想が生まれて，トマスの「古い」思想に取って代わったと言われることもある。では，このような盛衰の歴史を辿るとき，『神学大全』に示されたトマス説は，「斬新さ」を失ったと見ることしかできないのであろうか。必ずしもそうではない。別種の「新しさ」を保持していると考えることができるからである。

おわりに

トマス・アクィナスのいう「聖なる教え（サクラ・ドクトリーナ）」を，もはや見失われてしまった思想，時代後れの産物として葬り去る前に，そもそもトマス自身が意図した刷新とは何であったのかということに，いま一度注意を向けてみよう。たしかに最近（第二バチカン公会議以後）の『聖書』を重視する姿勢の前

に，神学教科書としての『神学大全(スンマ)』が姿を消さざるを得なかったのは，時代の趨勢と見ることができるであろう。しかし『神学大全(スンマ)』を単に過去の神学教科書として扱うとき，トマス自身が目指していたことがらを見失うことになるであろう。というのも，先に述べたように『神学大全(スンマ)』全体の構想，あるいはその冒頭で詳論されている「聖なる教え(サクラ・ドクトリーナ)」は，いわば『聖書』の延長上にあって，全く同一ではなかったにしても，全くの別物ではなかったからである。

このようなトマス思想の根拠はどこにあったか。特にこの観点から，『神学大全』にみる伝統と刷新とはいかなるものであったかと考えてみるとき，『神学大全』の著者の知的営為 ── 信仰の書としての『聖書』の啓示に促されて，常に新しさを失うことのない「教え」を理性的思索の世界に及ぼすことを通して，「よきおとずれを宣べ伝える (evangelizare)」使命を果たそうとする，その営み ── は，事実として，思索の限りを尽くして「聖なる教え(サクラ・ドクトリーナ)」を展開させ，共に思索するひとたちを拡大された『聖書』の世界へと誘い，すべてを「神の観点のもとに (sub ratione Dei)」見ることを可能にしているというふうに言うことができるのではないであろうか (*cf.* 稲垣良典「『神学大全』の挑戦」『中世思想研究』50号 (2008), pp.1-13.)。中世ヨーロッパにおける伝統と刷新のあり方の一つとして，『神学大全』にみるそれをあげる理由は，この点に存していると思われるのである。

参考文献

Biblia Sacra. *Bibliorum Sacrorum iuxta Vulgatam Clementinam nova editio.* Gramatica, A.(ed.), 1959.

『聖書』原文からの批判的口語訳, フランシスコ会聖書研究所,「パウロ書簡 第一巻 ローマ人への手紙 ガラテヤ人への手紙」1973 ;「マルコによる福音書」1962 ;「マタイによる福音書」1966 ;「ヨハネによる福音書」1969.

Bigg, Charles. *The Christian Platonists of Alexandria*, Oxford, 1913, repr.1968.

Cajetanus, Thomas de Vio. *Commentaria in Summa theologiae.* Editio Leonina, *Thomae Aquinatis Opera Omnia*, tt.4-12, 1888-1906.

Copleston, Frederick, S.J. *A History of Philosophy*, vol.2, Medieval Philosophy, Image Books, N.Y., 1962.

F. コプルストン『中世哲学史』箕輪秀二・柏木英彦訳, 創文社, 1970(1976).

Denzinger, Henricus. *Enchiridion symbolorum definitionem et declarationum de rebus fidei et morum*, 1965 (36 ed. 1976).

デンツインガー・シェーンメッツァー『カトリック教会文書資料集 信経および信仰と道徳に関する定義集』A・ジンマーマン監修, 浜寛五郎訳, エンデルレ書店, 1974.

Franciscus de Sylvestris Ferrariensis. *Commentaria in Summa contra gentiles*, Editio Leonina, *Tomae Aquinatis Opera Omnia*, tt.13-15, 1918-1930.

Gredt, Josephus, O.S.B. *Elementa Philosophiae Aristotelico-Thomisticae.* Editio decima tertia recognita et aucta ab Euchario Zenzen O.S.B., Herder, vol.1:Logica, Philosophia naturalis;vol.2: Metaphysica, Theologia naturalis, Ethica.

1961.

稲垣良典「『神学大全』の挑戦」『中世思想研究』50 号，2008, pp.1-13.

公会議公文書全集（別巻），公会議解説叢書7，南山大学監修，中央出版社，1969.

Libera, Alain de. *La philosophie médiévale*, PUF, 1993 (2004).
アラン・ド・リベラ『中世哲学史』阿部一智，永野潤，永野拓也訳，1999.

Livingstone, E.A. *The Oxford Dictionary of the Christian Church*, first edited by F. L. Cross, third edition, 1997.

水田英実「トマス哲学と聖書」『中世思想研究』41号, 1999, pp.115-122.

沢田和夫『トマス・アクィナス研究 ―法と倫理と宗教的現実― 』南窓社，1969.

『哲学の歴史』第三巻，中川純男編，中央公論新社，2008.

Thomas Aquinas. *Summa Theologiae*, pars Prima et Prima Secundae, cura et studio Sac. Petri Caramello, Marietti, 1952.
トマス・アクィナス『神学大全』山田晶訳，世界の名著 続5, 中央公論社，1975.

Thomas Aquinas. *Liber de Veritate Catholicae Fidei contra errores Infidelium* seu *Summa contra Gentiles*, cura et studio fr. Ceslai Pera O.P., Marietti, 1961.

Thomas Aquinas. *Scriptum super libros Sententiarum Magistri Petri Lombardi*, (*Opera Omnia*, vols.7-11), Vivès, 1873-1874.

Überweg, Friedrich. *Grundriss der Geschichte der Philosophie*, 1862-1866 (12 Aufl. 1924).

Appendix

アリストテレスのラテン語訳について当時の状況を伝えるリストをあげておく。(*cf.* リベラ『中世哲学史』, コプルストン『中世哲学史』) この時期にボエティウスによる古いラテン語訳が再発見されたほか, 新たにギリシャ語から直接に, あるいはアラビア語を介してラテン語に翻訳された。新しい訳は, コンスタンティノープルのほか, イスラム文化圏との境界に位置するトレド及びシケリアにあった「翻訳センター」で生まれている。(アラビア語からの翻訳は訳者名をボールド体で示した。他はギリシア語からの翻訳である。)

『範疇論』	ボエティウス	510-522 頃
	メルベケ	1266
『命題論』	ボエティウス	
	メルベケ	1268
『分析論前書』	ボエティウス	
	氏名不詳 (ヴェネチアのヤコブ?)	12c.
『分析論後書』	ヴェネチアのヤコブ	1125-1150 頃
	『ヨハネス訳』	1159 以前
	クレモナのゲラルドゥス	1187 以前
	メルベケ	1269 頃
『トピカ』	ボエティウス	
	氏名不詳 (ヴェネチアのヤコブ?)	12c.
『ソフィスト論駁』	ボエティウス	
	ヴェネチアのヤコブ	
	メルベケ	1296 以前
『自然学』 (断片)	ヴェネチアのヤコブ 『ヴァティカン自然学』	12c.
	クレモナのゲラルドゥス	
	ミハエル・スコトゥス	1220-1235 頃
	メルベケ	1260-1270 頃

『天体論』	**クレモナのゲラルドゥス**	
	ミハエル・スコトゥス	
（断片）	ロバート・グロステスト	1247以後
	メルベケ	
『生成消滅論』	（旧訳）	12世紀
	クレモナのゲラルドゥス	
	メルベケ	1274以前
『気象論』（第4巻）	エンリコ・アリスティッペ	1262以前
（第1〜3巻）	**クレモナのゲラルドゥス**	
	メルベケ	1268以前
『霊魂論』	ヴェネチアのヤコブ	
	ミハエル・スコトゥス	
	メルベケ	1268以前
『感覚論』	氏名不詳	12c.
	メルベケ	
『記憶について』	ヴェネチアのヤコブ	
	メルベケ	
『眠りについて』	氏名不詳	12c.
	メルベケ	
『長命について』	ヴェネチアのヤコブ	
	メルベケ	
『青年について』	ヴェネチアのヤコブ	
	メルベケ	
『呼吸について』	ヴェネチアのヤコブ	
	メルベケ	
『死について』	ヴェネチアのヤコブ	
	メルベケ	
『動物論』（動物誌, 部分論, 発生論）	**ミハエル・スコトゥス**	1220以前
	メルベケ	1260
（動物部分論）	氏名不詳	13c.
『形而上学』（最旧訳） （1巻〜4巻4章1007a31）	ヴェネチアのヤコブ	
（Kを欠く） （中訳）	氏名不詳	12世紀
（K,M,Nを欠く）（新訳）	**ミハエル・スコトゥス**	

（旧訳）	（最旧訳の1巻〜3巻 998b23 までを校訂，残りは未校訂）	1220-1230 頃
（K を含む）	メルベケ	1272 以前
『ニコマコス倫理学』		
（第2〜3巻）	（旧訳）氏名不詳	12c.
（1巻と2〜10巻の断片）	（新訳）氏名不詳	13c. 初頭
	ロバート・グロステスト	1246-1247 頃
（グロステスト校訂版）	氏名不詳（メルベケ？）	1250-1260 頃
『エウデモス倫理学』	氏名不詳（一部を『大道徳論』と合わせて『幸福論』と称す）	13c.
（断片）	氏名不詳	13c.
『政治学』（第1〜2巻）	メルベケ（初版）	1260 頃
	メルベケ（完全版）	1260 頃
『経済学』（偽書）	氏名不詳	13c. 末
	オーベルニュのデュラン	1295
『弁論術』	氏名不詳	13c.
	ドイツ人ヘルマン	1256 頃
	メルベケ	1270
『アレクサンドロスに贈る弁論術』（偽書）	氏名不詳	14c.
	氏名不詳	14c.
『詩学』	メルベケ	1278

中世イングランドにおける
伝統と刷新

— 刷新は異文化接触から —

山 代 宏 道

はじめに

　中世ヨーロッパにおいて，伝統と刷新はどのような関係にあったのであろうか。また，刷新あるいは改革は何を契機にして引き起こされるのであろうか。本章では，筆者は異文化接触が刷新をもたらすという立場を取っている。そのことを，ノルマン征服後イングランドでの司教座教会や修道院の事例において考察してみたい。

　異質のものが接触することで刷新が望まれるようになる。同質のものが集まっている場合，内部からの批判や新しいものへの希求が自然に出てくることはまれであろう。そこでは伝統が遵守され，現状を維持することに問題が感じられないからである。しかし，人や文化が移動すると異民族や異文化との出会いをもたらす。それは，また，変化の可能性を生み出す。接触した異質なものどうしが，相互に影響し合いながら新しいものへと変化する場合，それは質的変化を引き起こす。他方，質的変化というよりも多様な要素の組み合わせの

割合によって，全体として表面的には旧来と違ったものになる場合もある。たとえば，エスニックな要素や多様性を残しながら統合している場合である。

ところで，中世ヨーロッパでは刷新は望ましいものであったのであろうか。現代社会では，新しさとかオリジナリティーが望ましいと考えることが常識のようになっており，中世においてもそうであろうと考えがちである。しかし，中世ヨーロッパにおいて，そもそも，だれが刷新や独創性を求めていたのであろうか。

たとえば，クラフト・ギルドなどでは品質保証をめざしていたのであり，注文主も新奇さを求めていたわけではなかったのではないか。そこでは，一定レベルの作品をつくる親方たちによって，限りなく品質が保証されるという伝統が維持されていたと言えよう。その背後にある心性は，一定数の同質の仲間どうしで調和や伝統を重視しようとするものであった。ギルドの親方の人数を制限することで既得権を守ろうとした面もあるが，むしろ品質保証の伝統が維持されていたのであろう。

ギルドの一種であった中世の大学での教育も同様だったのではないか。ヨーロッパ各地から集まった聖職者を中心とする学生たちは，教師の聖書解釈や教義問答を学び，模倣し，記憶したのち，出身地の教会に帰任してからは，信者たちの疑問や質問によどみなく解答できるようになることが期待されていたのである。そこでは，新たな教義解釈を行うことは特に期待されておらず，むしろ新奇な解釈を行う者は，伝統

あるいは正統の立場から異端として断罪される危険すらあったのである。聖書解釈や思想における伝統的な品質保証を目指すのが，ギルドとしての大学であった。

ノルマン征服後イングランドでは異民族異文化の接触が引き起こされた。伝統にもとづく同質の集団の中に異文化をもつ者が入り込んできた。また，政治的・社会的混乱の中で異なった文化的背景を持つ個人や集団のあいだの激しい利害衝突が生じた。こうした状態にあって，司教座教会や修道院共同体においては，アングロ＝サクソン期の伝統重視と外来勢力を中心とする改革志向とが対立・共存することになった。歴史上，征服や移民によって，新たな場所へ人や文化が移動する場合には，同様の事態が生じている。たとえば，ノルマン人の「イングランド化」や日本人移民の「アメリカ化」にともなう問題も同様であろう。

そこでは，過去との結びつき（伝統重視）と新たな創造（刷新）の両方が見られることになる。一方で，移住地（ホスト社会）の歴史・文化に適応・融合したり，共生できなければ，新来の人々がその社会で生きていくことは困難である。他方で，かれらが自分たち固有のアイデンティティー（伝統・慣習など）を，いかにして維持し続けることができるのかという重大な問題に直面することになる。

以下，ノルマン征服後の３つの修道院共同体の事例を取り上げて検討していく。それらは，ダラム司教座教会付属修道院，ノリッジ司教座教会付属修道院，そして，ベリー＝セント＝エドムンド修道院である。これらの修道院において見ら

れた刷新の契機は，外部からの刺激あるいは攻撃を受けることで与えられた。そうした対立，言い換えれば，ノルマン征服後の混乱した時期における異文化接触が，それぞれの修道院共同体における危機意識を引き起こし，そうした危機への対応として新たな刷新を迫ったのである。その意味では，こうした現象は，ここで取り上げた3つの事例に限定されるものではない。征服後のイングランドにおける多くの教会や修道院において認められた現象でもある。

1．ダラム司教座教会付属修道院

1066年ノルマン征服直後のダラムでは，ノルマン支配への抵抗活動とそれへの報復がもたらした破壊のみではなく，再建や創造が見られた。新来のノルマン人が支配を行うためには城・司教座教会・都市の建設が必要であった。また，過去の聖人の伝記や奇蹟伝などが書かれていったことにも注目すべきである。すなわち，修道院史や教会史の作成である。それは伝統の重視を意味している。言い換えれば，それは土地財産等を確保するためのアングロ＝サクソン的過去との結合であったが，同時に，征服後の新たな状況に対応するための刷新であった。ここでは，デイヴィッド・ロラソンの研究に依拠しながら，ダラム司教座教会付属修道院における伝統と刷新の問題を検討していきたい。

11世紀末から12世紀初めにかけての北部イングランドの司教座教会都市ダラムの発展を，ノルマン征服後における伝統と刷新という視点から捉えることができる。ダラムの初期

の歴史については，12世紀初期ダラムの歴史家シメオンの『ダラム教会の起源史』ならびに『諸王の歴史』が主要史料である。

　北側をタイン川，南側をティーズ川で挟まれ，ウィアー川の切り込んだ曲がり角にある半島上に，ダラム司教座教会と城が位置している。シメオン＝オヴ＝ダラムは，おそらく1104年と1107年のあいだに作成された『起源史』の中で，ダラム教会の起源が，ノーサンバーランド海岸沖のホーリー＝アイランドにおけるリンディスファーン修道院教会であったと述べている。それは，635年にノーサンブリア王オズワルドとアイオナ島のアイルランド系修道院からやってきた伝道者エイダンによって建設された。793年ヴァイキングの襲撃によって混乱させられ，875年のヴァイキングの攻略後は，修道院共同体は避難することになった。7年間にわたって北部イングランドをさまよい，883年から995年までチェスター＝ル＝ストリートに留まり，最終的にダラムへと移動した。

(1) 刷新：ダラム建設のための投資

　ロラソンは，ノルマン征服後の時期のダラムにおける建物や都市設計の規模と刷新は，当時の不安定で敵対的な状況を考察するとき，まさに印象的なものであったと指摘している。ノルマン征服の余波の中の北部イングランドの歴史は，その暴力的で破壊的な性格を強調できる。ウィリアム征服王は，1069年ロバート＝カミンをノーサンブリア伯として任命

した。カミンは，700名の家臣とともにダラムへと入ったが，集まったノーサンブリア人たちは，伯の同伴者たちを殺した。国王ウィリアムは，ダラムを攻撃するために軍隊を送ったが，はね返されてしまった。同年，ヨークにおけるイングランド人反乱に対して，国王ウィリアムはヨークシャーやダラムの攻略によって応えた。ダラムの修道院共同体は一時的に，リンディスファーンの島へと避難せざるをえなかった。

ウィリアム征服王によって任命されたダラム司教ワルチャー(在位1071-80年)は，親族が犯した殺人事件の処置をめぐってノーサンブリア土着のイングランド人たちと敵対する。イングランド人たちは，司教と彼の一党が引き籠もった教会に火をつけ，火を逃れて出てきた司教を殺した。ワルチャー殺害に復讐するために，ウィリアム征服王は異父弟であるバイユー司教オドーをダラム攻略のために派遣し，土地を荒廃させている。

1086年の調査『ドゥームズデイ＝ブック』が，ティーズ川より北側をカバーしていなかったために，どれほどの損害と人口減少が引き起こされたかを正確に確かめることは不可能である。他方，ノルマン征服後の時期におけるダラムの政治的・軍事的状況は非常に危険で敵対的であったことを考慮すると，ダラム発展のためになされた投資は注目に値するのである。

ダラム城は1072年ウィリアム1世によって建設された。ノーサンブリア伯でもあったダラム司教ワルチャーを保護するためである。壮大な構造と2つの高くて装飾が多い石造

の広間からなりたっていた。それは，単なる要塞というよりも，司教のための印象的で威圧的な複合的城館であった。

　現在の司教座教会は，11 世紀初めの教会堂の場所に位置しているが，大部分は 1093 年から 1133 年にかけての建設である。1093 年と 1104 年の間に建てられた東側部分の規模と洗練さは，すばらしいものである。マルコム＝サールビーによれば，教会堂の長さは，創設者である第二代のダラム司教ウィリアム＝オヴ＝セント＝カレー（在位 1080-96 年）によって，南部イングランドの諸教会と競合するばかりか，規模では，教皇の主要教会であるローマの聖ペテロ教会堂を再現することが意図されていたという。高い教会堂は，ノルマンディーのカーンにある聖スティーヴン修道院教会堂をモデルにしていた。

　ダラム司教座教会建設の最も特別な側面は，建物の主要な柱間をカバーするリブヴォールトの利用である。教会堂を巨大で刷新的なものにしたヴォールトの利用が，西欧ではダラムが最初であったのかどうかという問題は，さらに検討されるべきであるが，ダラムの石工たちが，内陣側廊のリブヴォールトで実験しており，そうした実験と刷新は，おそらく 1133 年完成する身廊ヴォールトまで続いた。ダラムの建設者たちは刷新的・野心的であった。かれらは，身廊の壁を支えるために 2 階のギャラリーあるいは明り取りを利用した。身廊側廊上のギャラリーの四分円アーチによって，内陣側廊ギャラリーと比べてはるかに効果的な構造をつくることができたのである。

この投資と刷新の精神は，また，都市の発展にも向けられた。たとえば，現在パレス＝グリーンとして知られる城と司教座教会の間の平らな緑地帯が，第三代司教ラヌルフ＝フランバルドによって整備された。それまであった都市的集落の火災と汚れを避けるためであったが，城にある司教の住居と司教座教会との間での行列をふさわしいものにするためでもあった。半島の付け根のところに新たに創設された市場を中心にしてダラムの主要な都市地区，すなわち，司教都市が設立され，放射状に広がる他の地区と橋によってつながっていた。

（2）伝統：ダラムのイングランド的過去

北部イングランドの戦争で荒廃した地域における大規模な司教座都市ダラムの建設と発展は，新しい投資をともなう刷新であった。しかし，他方で，ノルマン征服以前のアングロ＝サクソン的過去，すなわち伝統との連続性をもつものとしてダラムを描く試みがなされた事実を忘れてはならない。ダラムの初期の歴史に関するシメオンの記事は，あきらかに，ダラム司教座教会の古さと連続性を強調している。

「この尊敬すべき教会は，その地位と神への信仰を，ノーサンブリア人の栄光ある先の王で尊敬すべき殉教者であったオズワルドのキリストに対する熱烈な信仰に負っていた。いろいろの理由で，この教会はオズワルドがそれを建てた場所にはもはや立ってはいない。しかしながら，その信仰の連続性，その司教座の威厳と権威，そして，王自身と司教エイダ

ンによってそこに設立された修道士たちの館の地位のおかげで，その教会は，依然として神の命令で建設されたまさに同一の教会である。」

ダラム司教座教会の起源が635年に建設されたリンディスファーン修道院教会であり，それは883年チェスター＝ル＝ストリートに，ついで995年にダラムへと移ることで，かれの時代のような教会になったという主張が，シメオンの中心的テーマであった。「最も聖人らしい父なるカスバートの腐敗していない遺骸と，国王で殉教者であるオズワルドの尊敬すべき頭部が，単一の聖遺物箱にいっしょに納められていた」ことが証拠であった。

さらに，ダラム司教座教会が1冊の書物をもっていたが，それは，ソルウェイ河口で失われたにもかかわらず，奇蹟的に回収されたリンディスファーン福音書であった。

しかし，シメオンの叙述を綿密に読むなら，いかなる意味においてもダラム教会がリンディスファーン教会の後継者ではなかったことが理解されるのであるが，シメオンは，征服後のダラム教会とアングロ＝サクソン的過去，すなわち過去の伝統あるリンディスファーン教会との連続性を想定しているようである。ロラソンの表現を借りれば，シメオンの叙述は，よくて誇張的表現，悪ければ歴史の意図的歪曲であった。ロラソンによれば，連続性はつぎのように否定される。

第一に，875年のヴァイキングの侵入後に起こったのは，793年の襲撃を生き延びてきていた修道士たちが散り散りになったということである。リンディスファーンの修道院共同

体は最後を迎え，ある種の聖職者たちによって継承されたが，シメオンはかれらを，リンディスファーンの修道院的伝統を保持する後継者として描写することで，読者に，連続性という印象を与えようとしている。

第二に，883年聖カスバートの遺骸をともなうチェスター＝ル＝ストリートでの司教座設立は，それ以前の司教座組織とほとんど関係をもっていなかった。チェスター＝ル＝ストリートでの司教座設立は，ヘクサムとリンディスファーン両司教区の境界を切断するような完全に新しい創造であったが，シメオンは連続性を示そうとしているのである。

第三に，995年ダラムにおける司教座設立は，聖オズワルドの教会堂が古い教会複合体の中心でなかったとすれば，主要教会にとっては新たな場所への移動であった。司教座としては過去との関係をもたない新しい出発であった。

第四として，1083年に，第二代ダラム司教ウィリアム＝オヴ＝セント＝カレーは，司教座教会から聖職者たちの集団を追放し，ベネディクト派修道士を置いた。そのときから，ダラム司教座教会付属修道院は，改革修道院となった。しかし，ここにおいてもまた，シメオンは過去を形づくっている。司教ウィリアムの決定がベーダの『イングランド人の教会史』を読み，また，司教区の年老いて賢明な人々に相談した結果であると説明される。聖カスバートのときに事態はどうであったのか相談された。こうして，シメオンに従えば，ダラム司教座教会における新しいベネディクト派付属修道院の設立は，ダラム教会の歴史における刷新というより，リン

ディスファーン教会からの伝統, すなわち, その教会の真の状態への復帰であった。

　ダラムの歴史的伝統を強調することにおいて重要な役割を演じたのが, 1104年に新設された司教座教会堂の東の端へ聖カスバートの遺骸が移葬されたことであった。シメオンは, その移葬が自然に発展した結果であり, キリスト教的過去とリンディスファーンの伝統からの連続性の事例として理解させようとしている。

　ロラソンは, ダラムの奇蹟譚「聖カスバートの移葬と奇蹟に関する章」という12世紀初期編纂の記事があることに注目している。それは, 1104年の移葬を詳細に述べている。移葬前にダラム司教座教会付属修道院において, 聖カスバートの聖遺物の状態をめぐって論争があり, 修道士たちの間では3つの考え方があった。第一の人々は, カスバートの死から幾世紀も経てきているので, かれの遺骸がそこには存在していないと考えた。第二の人々は, 遺骸が実際にそこにあることは受け入れたが, それが腐敗するか骨だけになっているだろうと主張した。第三のグループは, 遺骸が墓の中にあり, それは生きていたときのように腐敗していないと考えた。

　作者によれば, 第三のグループの修道士たちは, 墓を密かに開けてみる決心をした。かれらは遺骸が腐敗していなかったのを発見し, そのことを副修道院長へと報告した。かれは, 自分で墓を開けてみた。そして, 遺骸が腐敗していないのを発見した。ウィットビー修道院長スティーヴンを含む外部の人々の疑いに直面して, 公開で墓が開けられ, 遺骸に腐

敗の印しがあるかどうかが厳しく検査された。そして、かつてベータが報告していたように、聖人の遺骸が腐敗していないと宣告されたのであった。

こうして、新しいカテドラルへの移葬が行われたのであるが、重要なのは、当初建設された司教座教会の建築上のデザインが、主要な聖人崇拝を受け入れるには適していなかったということである。教会堂は手狭な東端から構成されており、聖遺物を収蔵するための回廊をもつものでも、大規模なアクセス（接近路）をもつものでもなかった。そのことは、修道士たちによる聖カスバート崇拝の受け入れが、予期されていなかったということを示唆している。聖人カスバートからの伝統に依拠しながらも、かれの遺骸が腐敗していないのは神の加護の証拠であるという新しい信仰を引き起こしたという意味では刷新であった。聖人の遺骸が腐敗していなかったことは奇蹟であった。それは、ダラムの歴史を、7世紀リンディスファーン全盛期までさかのぼる長い伝統の中で捉える立場であったが、同時に、新たな聖カスバート信仰を生み出す刷新の試みでもあった。

（3）伝統と刷新

ダラム司教座教会付属修道院が連続性という幻想をつくりたかった事情はどのようなものであろうか。司教ウィリアム＝オヴ＝セント＝カレーは、ベーダの『イングランド人の教会史』に依拠して、付属修道院を設立したと伝えられている。聖カスバートのときの状態を再現するためであった。新

しいベネディクト派修道院の設立は, 過去の伝統にもとづいていた。それは, リンディスファーン教会の真の状態への復帰であると主張された。現実には, 1083年に司教ウィリアムが導入したダラム付属修道院の修道士たちは, ベーダ自身の修道院であったモンクウィアマスとジャローからの修道士たちであった。これらの修道院は, 1070年代の初めに, 修道士オールドウィンらによって再建されてきていた。かれは, ベーダの『イングランド人の教会史』から, ノーサンブリア王国が, かつて, 多数の修道士や聖人たちで満ちあふれていたことを学んで, ウェスト＝ミドランドからノーサンブリアへやって来ていた。ダラムの修道士たちは, ベーダの『教会史』を通じて伝えられたイングランド的過去の伝統, すなわち, 聖性に対する尊敬心をもっていたのである。

　ベーダの時代という過去の聖なる伝統に対する尊敬は, ダラムに限定されるものではない。それは, ノルマン征服後のイングランドにおける広範な現象であった。この時期には, アングロ＝サクソン聖人たちの聖人伝が広範に書かれた。たとえば, ゴスラン＝オヴ＝セント＝ベルタンのような聖人伝作者たちやウィリアム＝オヴ＝マームズベリーやジョン＝オヴ＝ウスターといったノルマン歴史家たちにおいて, イングランド的過去, 特に, アングロ＝サクソン教会の伝統が見いだされる。

　さらに, ダラム司教座教会付属修道院には, ノルマン征服後の混乱した状況の中で, 土地財産の所有と諸権利の主張を確実にするためにも, イングランド的過去, すなわち, 伝

統と結びつく必要性があった。財産は，修道士たちが9世紀に獲得したと主張していたダラム州の大部分を含んでいた。また，リンディスファーン修道院教会の土地であり，聖カスバートに賦与されてきたとされたタイン川以北ノーサンバーランドの大きな地域を含むものであった。

　ダラム司教座教会にとっての問題は，土地財産に対する真正な権利を示す証書や他の文書をもっていなかった，ということであった。そこでは新たな対応が求められ，刷新が必要であった。こうして，ダラム司教座教会は，それが，リンディスファーン教会やチェスター＝ル＝ストリート教会と，異なった場所においてではあるが，同一の教会であると主張しながら，これらの土地の大部分に対する諸権利の正当化を図ったのであった。すなわち，アングロ＝サクソン的過去の伝統の利用である。言い換えれば，ノルマン征服後のダラム司教座教会付属修道院で見られたのは，征服後の異民族異文化接触によって引き起こされた危機的状況への対応として刷新を行うために，アングロ＝サクソン的過去の伝統に依拠しつつ，刷新を行うという姿勢であった。

2．ノリッジ司教座教会付属修道院

　ノリッジ司教座教会付属修道院では，司教ハーバート＝ロシンガの在位期間について伝統と刷新の問題を検討することができる。司教は，サフォークにあるベリー＝セント＝エドムンド修道院への司教座の移動を計画していた。伝統ある修道院の富と格式を求めたといえよう。第一の刷新の試みであ

る。イースト＝アングリア司教座教会の伝統をもちだして聖エドムンドとの結びつきを主張しながら，同修道院への司教座移動を正当化することを意図したが，結局，移動が実現することはなかった。そこで，失敗した第一の刷新に代わって第二の刷新の試みがなされた。ノーフォークのノリッジ城近くへの司教座教会の移動ならびに付属修道院（子院）建設による司教区統治戦略の実施である。ここでは，司教ハーバート＝ロシンガ（在位1091－1119年）の統治戦略を中心に伝統と刷新の問題を検討していきたい。

中世イングランドのイースト＝アングリアにおいて修道院が建設された動機について，T. ペステルは，建設者による魂の救済への願いとともに，修道院建設がもっていた象徴的な重要性に注目している。また，修道院の立地は社会的・政治的脈絡の中で決定されていった。多くの修道院が世俗的力を示すことを重視していたと考えられるが，司教たちについても同様のことが言えるであろう。

1120年までに，修道院の景観は建設場所と建設者についてシステマティクなものとなっていたが，例外が5つの修道院を建設したノリッジ司教ハーバート＝ロシンガであった。ペステルの表現を借りれば，建設動機として「王朝的関心」（dynastic interests）と呼べるようなものが指摘できるのかもしれない。ハーバートは修道院建設に際して独自の政治的意図，すなわち，戦略をもっていたようである。

（1）ノリッジ司教座の移動

ハーバート＝ロシンガは，司教に就任してから，1094／95 年頃セトフォードからノリッジへと司教座を移動させている。ノリッジは，アングロ＝サクソン期から行政・社会・経済の中心地であった。市場が存在しており，10 世紀後半までに貨幣鋳造所をもっていた。また，征服後には，ウィリアム 1 世の城が建設され，イースト＝アングリアにおける国王行政の拠点となる。1086 年までには，イングランドで第 4 位の大きさの都市であった。したがって，そこに司教座教会が建設されたとしても不思議ではなかった。

ノリッジへの司教座の移動に関しては，諸原因が検討されてきている。ペステルは，ノリッジでも教会建設のためのスペース不足であったことから判断して，セトフォードを離れた理由が，通説で言われるような同地でのスペース不足であったとは考えられないとしている。12 世紀の歴史家ウィリアム＝オヴ＝マームズベリーは，交易で栄え人口が多い町への司教座移動をハーバート＝ロシンガの「野心」に帰している。D. ウォラストンは，発展する商業の中心地へ司教座を移すことは「ノルマン的政策」であったと指摘し，司教座教会の建設をハーバートのシモニア（聖職売買）をめぐる悔悛行為の表れであるとみなす必要はないと主張している。

ここで，ハーバートによる刷新のための試みとの関連で注目したいのがペステルの見解である。すなわち，かれは，司教座をサフォークのベリー＝セント＝エドムンド修道院へと移そうとするハーバート＝ロシンガの第一の刷新の試みが

失敗した後，ハーバートはノリッジを中心とするノーフォークを重視する戦略に転換したとする。ベリー＝セント＝エドムンド修道院が，前司教ハーファースト（在位 1070-85 年）との対立のなかで，1081 年に司教統治からの免除特権を国王ウィリアム 1 世から得ることに成功していたにもかかわらず，ハーバート＝ロシンガは，ベリー＝セント＝エドムンド修道院に対する攻撃を続けた。1101 年ローマへ行く途中に捕らえられて支払うことになった身代金は，ベリー＝セント＝エドムンド修道院に対する自分の主張をローマ教皇に支援してもらうために用意していた活動資金であったといわれる。結局，その企ては失敗に終わった。

　第一の刷新に失敗したハーバート＝ロシンガは，第二の刷新の試みとも言えるノーフォークでの支配を重視する政策を取る。すなわち，司教座教会と付属修道院の建設を開始した。ノリッジ司教座教会は付属のベネディクト派修道院共同体をもつことになったが，そこには 60 名ほどの修道士たちがいたようである。かれの立場は，ノリッジ司教と付属修道院長を兼ねるものであった。司教座教会付属修道院の建設に際して，ハーバートは，刷新の試みのひとつとして修道士集団（司教座教会参事会）の財産を確保するため，司教との財産分割を実行したり，修道士たちのために自分の所領の一部を与えたりしている。

　ノリッジ司教座教会を建設するため司教ハーバートは，国王たちの支援と市民たちの犠牲によって建設場所を確保していった。ハーバートにとって，同時期に修道院教会堂を再建

していたベリー＝セント＝エドムンド修道院との競争は何よりも重大な関心事であったようである。お互いに競って，教会堂の長さを延長するための設計変更がなされている。ライバル関係の厳しさは，ハーバートが，管轄司教であったにもかかわらず，1095年ベリーにおける聖エドムンドの聖遺物の移葬儀式に招待されなかったことからもうかがえる。ペステルによると，ハーバート＝ロシンガのノーフォークにおける一連の付属修道院子院の建設も，サフォークのベリー＝セント＝エドムンド修道院とのこうした競争の脈絡の中で理解されるべきである。

司教座教会の基盤整備のために，司教ハーバートは州長官ロジャー＝ビゴッドと土地を交換している。その交換により，司教はノリッジに司教座教会の建設のための大規模な土地を獲得した。また，司教座教会と付属修道院建設のためには，アングロ＝サクソン期の複数の教会が境内に取り込まれて消滅している。

（２）司教の統治戦略

ハーバート＝ロシンガの第二の刷新の試みとみなされる，イースト＝アングリアのなかで付属修道院（子院）を設立していったノーフォーク重視戦略とはどのようなものであろうか。たとえば，司教座教会建設のために修道士たちが一時滞在していたノリッジ市外のセント＝レオナルド付属修道院は，かれらが司教座教会へと移ってからも残存している。司教座教会の建設は遅れがちであったので，ハーバートはシン

ボルとして，この小さな付属子院を維持したのかもしれない。セント＝レオナルズ修道院には付属して聖マイケルのチャペルが建設されていたが，かつて存在したセント＝マイケル教会 (St Michael's Church on Tombland) はノリッジで最も富裕な教会であった。それは，ノリッジ司教座教会建設のために破壊されてきており，同名のチャペルはそれに代わるものであったからである。

ノリッジ司教としてイースト＝アングリア北半分のノーフォークを重視したハーバート＝ロシンガは，交易・市場支配のために2つの主要港リンとヤーマスを重視する戦略を採用した。両修道院建設には共通した司教の動機が働いている。

ハーバートは，リンにおいてセント＝マーガレット修道院を建設し，土地や市場開設権といっしょにノリッジ司教座教会付属修道院に賦与している。リンは，塩生産で知られ，ミッドランドからイースト＝アングリアを経由して北海にいたる交易からの税収入が期待されていた。また，海運面では，イーリー司教座教会付属修道院が保有するウィスベクと競争関係にあった。リンは，陶器製造において見られたように，ノーフォーク地方との結びつきを強めていく。

リンの立地は，多くの支流によって特徴づけられており，小規模河川によって横断された低い沼沢地にあった。まず，市場と歳市を司教が引き継いだが，市場を高低水位の中間の低地に開設して市場とはみなされなくすることで，国王から通常の市場税を免れる工夫していた。また，セント＝マーガ

レット修道院を，子院として波止場近くに建設することで通商をコントロールする戦略を取っている。

　ハーバート＝ロシンガは，港町ヤーマスではセント＝ニコラス修道院を建設した。1086年ドゥームズデイ＝ブックによると，ヤーマスは24名の漁民を有する漁業拠点であった。1101／1119年子院として建設されたセント＝ニコラス修道院は，ニシンの漁期にのみ用いられたチャペルでもあった。かれは，建設したチャペルをノリッジ司教座付属修道院へと賦与している。ヤーマスは，セトフォードやノリッジに匹敵するほどの教会収益を示していたが，それは通行税や漁業交易権からの利益にもとづいていたのである。

　付属修道院としてベネディクト派修道院が建設されたのは，ハーバート＝ロシンガがベネディクト派修道士出身であったことが原因であったとしても，かれは常に，伝統あるベネディクト派修道院であるベリー＝セント＝エドムンド修道院をライバル視していたようである。こうした事情から，巡礼者を誘致し，経済的利益を増大させるための聖人を是非とも必要とするようになったのであろう。

　ノリッジには，それまでベリー＝セント＝エドムンド修道院の聖エドムンド（殉教したイースト＝アングリア王）に匹敵するような聖人がいなかった。ノリッジ司教座教会付属修道院としては，ベリー＝セント＝エドムンド修道院や聖エセルドレダ（679年に死亡したイースト＝アングリア王女で修道院創設者）を奉るイーリー司教座教会付属修道院のような著名な聖人が不可欠であった。こうした背景の中で，1144年

ユダヤ人たちによって殺害されたとみなされた 12 才の少年ウィリアムの話が，1169 年ころノリッジ付属修道院の修道士トーマス＝オヴ＝モンマスによって創作されている。

聖ウィリアムの遺骸の移葬後に奇蹟が起きるようになった。しかし，聖ウィリアム崇拝は，現実には 1150 ／ 1 年ころをピークとして短期間でその推進力を失っていく。ノリッジの修道院共同体では，最初からウィリアムに関する疑問とためらいが存在していたようである。たしかに，聖ウィリアム崇拝という刷新の試みは戦略的には失敗したとしか言えないのであるが，しかし，一時的にではあれ，巡礼者たちの獲得と経済的利益をもたらすことにかなりな程度に成功したとみなすことができる。

ハーバート＝ロシンガは，ノリッジ司教としてイースト＝アングリアにおける象徴的な地位の確立をめざしていた。ハーバートは，司教座をセトフォードからノリッジへと移動した。かれが，地域のほぼ中心に位置するセトフォードをどのように捉えていたのかが問題となるが，それほど重要視していたようには思われない。他方，州長官であったロジャー＝ビゴッドは，セトフォードに新たなクリュニー派修道院を設立している。

州長官ロジャー＝ビゴッドは，司教座教会がノリッジへ移動した跡に修道院を設立した。1101 年ハーバート＝ロシンガとロジャー＝ビゴッドの間で土地交換が行われている。ノリッジやセトフォードの経済的発展は，国王や諸侯たちによって刺激を受けてきていた。ロジャー＝ビゴッドは基本財

産を準備したのち，1103／4年に修道院を設立した。ルイス修道院から12人の修道士たちが到着している。ロジャー＝ビゴッドにとって，セトフォード西側の修道院と東側の城は，かれの力と富の「双子のシンボル」を表す重要性をもっていた。

　ノリッジ司教座教会付属修道院における聖ウィリアム信仰を創出する刷新の試みについては既述したところであるが，同様の試みとみなされるものが，地方有力者であったロジャー＝ビゴッドの埋葬をめぐるセトフォード修道院との対立である。それは，教会や修道院が地方有力者との絆をどのように維持していくのかという問題でもあった。ハンス＝ヴェルナー＝ゲッツは，「司教（聖人）の埋葬地は，政治の対象となった」と述べているが，地方有力者の埋葬も政治的対象となった。ロジャー＝ビゴッドの遺骸をめぐって，かれの一族やセトフォードのクリュニー派修道院とノリッジ司教座教会付属修道院との間で，その埋葬場所をめぐる争いが生じたのである。

　ロジャー＝ビゴッドは，かれの意志に反してノリッジ司教座教会に埋葬されることになったと言えるのかもしれない。家族はセトフォードでの埋葬を希望していた。他方で，ノリッジ司教による埋葬は司教権威への敬意を示すことであると主張された。ハーバートはイースト＝アングリア地域における司教の力と影響力の増大化をめざしており，埋葬問題も，そうした司教の戦略との関わりの中で引き起こされた。遺骸への主張をめぐって，1106年国王法廷での裁判が行わ

れ，結局，修道院が設立される以前に，ロジャー＝ビゴッドが，自分自身と家族が司教座教会に埋葬されることを希望していたとする最終判断がなされたのである。ロジャー＝ビゴッドや家族の魂の救済という面でも，政治的側面からも，セトフォードはビゴッドの権力拠点であり，また，一族にとっても象徴的重要性をもつはずであった。しかし，強引に遺骸をもち帰って埋葬したノリッジ司教の戦略の前に，家族の意図は実現しなかったのである

　ハーバート＝ロシンガの社会的刷新の試みとして病院建設を取り上げることができる。かれは，ノリッジとリンにおいて2つのレパー（ライ病人，ハンセン病患者）用のホスピタルを建設している。ノリッジ市内においては，レパー用のセント＝マリー＝マグダレン病院を建設したが，市外のセント＝ポールズ＝ホスピタルは次の司教エヴェラルドの時になってから完成した。この後，ノリッジ市内と郊外で，12病院が建設されることになるが，大きなのがセント＝ジャイルズ病院であった。ハーバート＝ロシンガの病院建設は，こうした新しい形の慈善活動を反映するものであったが，それはノリッジ司教区の教区民のための司牧者としての彼の立場に合致していたのである。

　司教区における病院建設は司教としてのリーダーシップが発揮されたとみなすことができる。また，ハーバート＝ロシンガは，若い修道士や聖職者たちの教育にも熱心であり，「司教の学校」と呼ばれる文法学校を建設している。ベリー＝セント＝エドムンド修道院長とのライバル関係においてそれを

見るとき，単なる修道院長とは区別される司教＝修道院長としてのハーバート＝ロシンガの特徴的な統治戦略とみなすことができるであろう。

ノリッジ司教座教会付属修道院は，ベリー＝セント＝エドムンド修道院をのぞくと，イースト＝アングリアにおける最も富裕な修道院となっていく。港町リンやヤーマス港での海上交易の増大は地域の中心的都市ノリッジの経済的拡大に貢献した。地方拠点の発展が，すばやく収入増を実現した。リンとヤーマスの建設発展は，イースト＝アングリア司教区の東西における地域的重要性をもつものであった。司教ハーバートにとって，サフォークにあったベリー＝セント＝エドムンド修道院へ司教座を移動するという第一の刷新の試みが失敗したことは，ノーフォークを重視する戦略，すなわち，第二の刷新の試みへの転換を余儀なくさせた。かれは，まず，イースト＝アングリア司教区の北半分を掌握すべく努力した。そのためには，世俗的支配者が地域統治のために城を利用したのと同様に，司教は修道院子院を立地戦略的に重要な場所に建設することで司教区統治をめざす戦略を採用していったのである。

3．ベリー＝セント＝エドムンド修道院

アングロ＝サクソン期からの伝統的なベリー＝セント＝エドムンド修道院では，修道院長ボールドウィンの在位期間（1065 － 97 年）について伝統と刷新の問題が考察できる。

ボールドウィンは，イースト＝アングリア前司教ハーファー

ストによる同修道院への司教座の移動計画に執拗に抵抗していく。修道院の伝統に依拠しながら，ローマ教皇や国王に働きかけて修道院の司教免属特権を獲得した。いわば伝統を維持しながら刷新に努めることで，過去に得た財産を保護することに成功した。また，ノリッジ司教ハーバート＝ロシンガとの競合関係の中で，修道院教会堂の拡張という建築上の刷新を実行する。さらに，聖エドムンド信仰を広め，より多くの巡礼者を誘致するために，教会堂内に聖人についての看板を設置したり，海外へ聖遺物を持参して聖人崇拝の拡大を図るという刷新も行っている。ここでは，A. グランスデンの研究に依拠しながら，ベリー＝セント＝エドムンド修道院における伝統と刷新の問題を検討していきたい。

　修道院長ボールドウィンの在位期間は，ノルマン征服（1066年）後の混乱期ではあるが重要な時期にあたっている。その時代を知ることができる史料『聖エドムンド奇蹟録』は，ボールドウィンの死後に完成するが，著者であるハーマンは，司教ハーファーストの大助祭として仕えていた人物のようである。

　ボールドウィンの経歴について，かれがイングランドに渡った時期は不明であるが，すでに医者としての名声を得ていた。ノルマン征服前後の3名の国王（エドワード証聖王，ウィリアム1世，ウィリアム2世）に侍医として仕えており，国王パトロネジに浴していたはずである。かれは，国王宮廷に医者として仕えるだけでなく，教会政治においても活発であった。そのことは，署名した多数の証書によってうかがわ

れる。ウェストミンスターやウィンザー，さらにイングランドの他の場所やノルマンディーで宮廷とともにあった。しばしば修道院を不在にしたときの責任は，使者を派遣することで果していたようである。

　ノルマン征服直前の同修道院は，世俗的繁栄を享受していたといえよう。修道院はイースト＝アングリアの南半分サフォーク州の３分の１に当たる所領を領有していたが，それらはエドワード証聖王たちの寄進によるものであり，税免除や貨幣鋳造権といった特権を賦与されていた。こうした諸特権や財産を守ることも伝統の重視であった。

　ベリー＝セント＝エドムンド修道院の宗教的権威は，守護聖人である聖エドムンド信仰によって支えられていた。聖エドムンドの遺骸を守ることこそが修道院の存在理由であり，聖人崇拝は修道院の威厳の向上を左右する要因であった。言い換えれば，それは，修道院の伝統を構成する重要な一要素であったのである。エドワード証聖王による殉教者（聖エドムンド）信仰は，聖人崇拝を盛んにすることに大いに貢献した。

　修道院の『奇蹟録』は，話せない女エルフゲスの治癒奇蹟を伝えている。聖エドムンドが，かの女のところに現れて，自分の聖所が適切に世話されていないと訴えたという。このエピソードからは，ベリー＝セント＝エドムンド修道院への巡礼者が，実際に多かったのかどうかが疑問視されるところであるが，いずれにしてもボールドウィンの前の修道院長レオフスタンの頃から聖人崇拝が強調されていくのである。

（1）伝統

　修道院の特権を維持することの中心はエドワード証聖王からの特権を確認することであった。ノルマン征服後，修道院の特権領域に関する紛争の事例が伝えられた。ノルマン人諸侯ピーター＝ドゥ＝ヴァローニュが，修道院配下の人びと数人を奪取したり，ランヌルフという名前のノルマン廷臣が無差別の略奪を働いたりした。

　ノルマン人たちの支配者であった国王ウィリアム1世は，ベリー＝セント＝エドムンド修道院を支援していた。グランスデンによれば，サフォーク州にあった修道院の特権領域が，1070年のイングランド人による反乱拠点となったイーリーと近かったために，さらなる反乱を予防するために，ウィリアム1世がベリー＝セント＝エドムンド修道院の忠誠を確保することを決意していたためであった。

　修道院側は，自分達の諸権利，すなわち伝統を回復維持するためにあらゆる手段を駆使した。修道士たちは宣伝も利用している。修道院の『聖エドムンド奇蹟録』では，修道院の特権を犯す者には聖人の復讐が行われた。1014年に死亡したスウェイン王が聖エドムンドの保有者たちに対して課税しようと試みたことへの復讐として，国王が殉教者の槍攻撃で殺されたと主張された。グランスデンは，そのエピソードが修道院の国王課税からの免除特権を強調するために，征服後に作られた可能性を示唆している。

　ノルマン征服後の修道院の対応は，その特権や伝統を守ることであった。イングランドが征服後に直面した諸変化，す

なわち，封建制の導入，教会改革の推進，アングロ＝サクソン聖人への懐疑などに対応するための刷新が必要であった。

ノルマン征服後，ベリー＝セント＝エドムンド修道院は，国王ウィリアム1世によって，所領の下封と引き換えに，戦時に40名の騎士を提供することを義務づけられた。所領はさらに，修道院長によって騎士たちに対して再下封された。そうしたノルマン騎士は，アングロ＝サクソン土地保有農の上に位置することになった。

修道院長ボールドウィンは，こうした事態に対応して伝統を守る試みとして，修道院所領に関する資源と社会的構成についての情報を得るための文字記録を重視し，記録台帳（Feudal Book）を作成させている。また，法整備によって統治を改善することで抗争を減らした。さらに，修道院慣例集を作成したり，修道生活を保持するための措置を講じている。かれは財産防衛のためには偽造文書も利用したようである。ノルマン征服後の時期は，記憶から記録への移行時期であった。記録化にあたっては伝説も利用された。

1070年にカンタベリー大司教となったランフランクは教会改革を推進していく。その一環として，地域の中心的都市への司教座の移動が図られた。イースト＝アングリア司教区においても，アングロ＝サクソン期からの伝統的で富裕なベリー＝セント＝エドムンド修道院への司教座の移動が計画されたことは既述したところである。修道院への移動計画に対しては，司教統治権からの免除特権を根拠として，修道院側は強硬に反対していく。カンタベリー大司教ランフランクの

対応は，修道院が司教統治権からの免除特権をもっているという証拠がないと主張しながら，司教の権威を維持しようとするものであった。

　1070年，修道院長ボールドウィンはローマ教皇アレクサンダー2世に上訴する。教皇は，ボールドウィンに修道院長職のシンボルである杖と指輪を与え，1071年10月27日付けの教書を発給している。その内容は，ベリー＝セント＝エドムンド修道院をローマ教会の保護の下に置き，修道院の諸特権と財産を確認するとともに，聖俗いかなる権力も修道院を司教座教会へと変えることを禁じるというものであった。ボールドウィンは，教皇文書をもって帰国するが，大司教ランフランクはそれを公にすることはなかった。他方，国王ウィリアム1世は，ボールドウィンの行動を支持していたようである。

　修道院のための記録を残したハーマンが述べるイースト＝アングリア司教ハーファーストのエピソードは，この頃に起ったものであろう。司教は，馬で出かけて木の枝でかれの両目を傷つけてしまった。視力を失う危険があったが，かれは，目の治療で著名な医者でもあったボールドウィンのところに行った。ボールドウィンは，司教が修道院に司教座を移動するというかれの計画を押し付けることを止めると約束するまで治療を拒絶したという。しかしながら，司教ハーファーストは，いったんかれの目が良くなると，約束を破り攻撃を再開したのであった。

　1073年11月20日教皇グレゴリー7世は大司教ランフラン

クへ書簡を送り，大司教が教皇アレクサンダーの教書を握りつぶしていると譴責した。ランフランクは，司教ハーファーストへと手紙を送り，ボールドウィンに干渉するのを止めるようにと伝えたといわれる。しかし，グランスデンにしたがえば，ランフランクがベリー＝セント＝エドムンド修道院の司教統治権からの免除特権の主張を支持したというよりも，大司教として司教ハーファーストに対するみずからの権威を示すことに関心があったようである。

この後，国王は大司教ランフランクをベリーへと派遣して，この問題の陪審判決を行わせた。判決は，ボールドウィンに好意的に決せられたが，司教ハーファーストは審問に欠席しており，その判決によって動かされることはなかった。国王は，司教の不服従にいらだったように思われる。1081年イースターには，国王ウィリアムは，みずからロンドンで国王会議（法廷）を召集している。国王自身がその問題を裁き，修道院長に好意的に決せられた。その結果，司教ハーファーストはかれの意図を諦めたかもしれないが，かれを継いだ司教ハーバート＝ロシンガがそれを再開するのである。こうして，司教座移動問題は，イースト＝アングリア司教座がノリッジへと移動されることによって，最終的に決せられるのをまたねばならなかった。

ノリッジへの司教座移動については，ベリー＝セント＝エドムンド修道院長ボールドウィンが，修道院の司教統治権からの免除特権を主張したのに対して，司教ハーバート＝ロシンガの主張は，イースト＝アングリア司教座の歴史，すなわ

中世イングランドにおける伝統と刷新　75

ち，伝統に依拠するものであったが，十分に説得的であったとは言えない。

　しかし，グランスデンによれば，司教ハーバート＝ロシンガの主張との関連で，1101年ノリッジ司教座付属修道院の修道士たちにあてた司教座教会設立文書は注目に値する。すなわち，基本財産のなかには「あの殉教者が埋葬されている同じホクスン村（Hoxne）にある聖エドムンド＝チャペルとともにホクスン教会」が含まれているのである。ホクスンは，10世紀中頃からエドワード証聖王の治世下で，イースト＝アングリア司教座であった。グランスデンは，ハーバート＝ロシンガが，先の議論で敗れたのち，新しい主張を試みたという。聖エドムンドの墓所がかつて司教座に付属していたのであるから，再びそうなるべきである，と。

　修道院長ボールドウィンが，修道院の主張を正当化するために，いつ頃，偽造文書に依存するようになったのかは明らかではない。1081年の国王裁判のために偽造が行われた可能性がある。国王ウィリアム1世が修道院側の主張を支持した理由は，司教権からの修道院の免除特権に関する4人の王，すなわち，エドムンド，カヌート，ハルダクヌート，エドワード証聖王の証書，ならびにローマ教皇アレクサンダー2世の教書であったからである。

　すでに大司教ランフランクによる審問において好意的な判決を得ていた修道院長ボールドウィンは，その成功を陪審員たちの評決に負っていた。特に，年老いたラムゼー修道院長エルフウィン（在位1043-1079／80年）の貢献があった。

かれの証言は国王カヌートの時まで遡るものであったが、9州の陪審員たちによって確認された。ラムゼー修道院はベリー＝セント＝エドムンド修道院から40マイル足らずの距離に位置しており、殉教王エドムンドやベリー＝セント＝エドムンド修道院に対する関心は、当時の同修道院で強かったようである。聖エドムンド信仰やベリー＝セント＝エドムンド修道院への関心が、その後に衰えたと考える理由も存在しない。また、かつてラムゼー修道院長であったハーバート＝ロシンガが、司教座をベリー＝セント＝エドムンドに移動したがった背景に、かれの聖エドムンド信仰を想定することができるのかもしれない。

大司教ランフランクの審判では、修道院長ボールドウィンに有利な判決が下ったが、イースト＝アングリア司教ハーファーストは、それに従おうとはしなかった。こうした状況において、ボールドウィンが、修道院の立場をさらに強化するために、かつての3人の王たちの証書に言及するエドワード証聖王の証書を偽造した可能性が想定されるのである。

また、11世紀末のベリー＝セント＝エドムンド修道院の証書をめぐっては、それが1082年に作成されたダラム文書に類似しているとするグランスデンの見解に注目すべきである。両証書は長い下署人リストをもつという共通点があり、グランスデンは、同一の偽造作者による偽造モデルの存在を示唆している。また、共に聖所で保管されていたことが文書に聖性を付加したとされる。当時の聖人伝は制作依頼者によって利用された。『聖エドムンドの受難 *Passio Sancti*

Eadmundi』の宣伝箇所は，修道院が免除特権を獲得した場面であり，さらに，1081年国王による裁判で修道院が有利な判決を得た場面であった。1095年の同修道院の内陣献堂式に，管轄司教であったにもかかわらず，対立するイースト＝アングリア司教ハーバート＝ロシンガが招待されることはなかったのである。

聖人伝の中の聖人は，修道院の土地保有上の裁判権や権威を守るために働いている。聖エドムンドもノルマン諸侯たちの攻撃からベリー＝セント＝エドムンド修道院の諸権利を保護するために働いた。また，そのような効果をもたらしたがゆえに，聖人の聖性はますます増大していったと言えよう。修道院長ボールドウィンは文書によって諸権利や伝統の防衛を試みた。『聖エドムンド奇蹟録』の作成もそうであった。聖人の遺骸の存在がくり返し強調され，治癒奇蹟が積み重ねられて聖人崇拝が盛んになっていったと推測される。

聖エドムンドの遺骸の存在を証明するために，前修道院長レオフスタンは，聖人の遺骸が腐敗しておらず完全であることを調査させた。証人エゲルウィンは，遺骸が完全な状態で存在していることを証言した。偽造された証人である可能性がある点でも，また，遺骸が腐敗していなかったという点でも，本章ですでに検討してきたダラムの聖カスバートの場合との類似性が窺われるのである。

11世紀以降，イングランド北部を中心として聖カスバートの聖人崇拝が盛んになる。ベリー＝セント＝エドムンド修道院の歴史を書いたハーマンは，聖カスバートに言及してい

るわけではないが，おそらく，聖エドムンドを等しく崇拝に値するものとして描くことを意図していたのであろう。登場するエゲルウィンという同名の証人，聖人の遺骸の棺架方法や埋葬先を聖人が決定したことなどの共通点があるとするグランスデンの指摘は興味ぶかい。

イースト＝アングリア司教によるベリー＝セント＝エドムンド修道院への司教座の移動計画は頓挫し，1095年には再建された教会堂内陣への聖人エドムンドの遺骸の移葬が成功裡に行われた。修道院長ボールドウィンは，諸権利や伝統を守ることに成功したと言えよう。

(2) 刷新

それでは，ベリー＝セント＝エドムンド修道院の発展という面で，ボールドウィンはどのような刷新を試みたのであろうか。司教ハーバート＝ロシンガによるイースト＝アングリア司教座教会堂の新設と競合するように，修道院長ボールドウィンは修道院教会堂の再建を行っていく。ベリーも拡張され，200家屋と1市場をもっていた都市に342家屋と1教会が追加された。

1095年に完成した新しい修道院教会堂には，写本類が設備された。教会堂の建設や備品購入のための経費を捻出するために，修道院長ボールドウィンは，修道院所領の経営改善と増収を図るために記録台帳を作成させている。

また，聖エドムンドの聖人崇拝は，修道院の宗教的権威を向上させ，巡礼者の誘致による多大な寄進や献金，すなわち

経済的増収をもたらした。巡礼は経済的効果を引き起こしたのである。巡礼者たちは，聖所で喜捨を行い，土産を買うなどした。グランスデンの表現を借りれば，ボールドウィンが，より大きな教会堂とより美しい聖所を建設した動機のひとつは，疑い無く，「巡礼交易 pilgrim trade」を増大することであった。こうして，ボールドウィンの新しい修道院教会堂は聖エドムンド崇拝の結果とみなすことができるが，同時に新しい繁栄の原因でもあったのである。

　新しい教会堂では巡礼者たちを引き付けるためのあらゆる努力，すなわち，刷新の試みがなされた。巡礼者たちに聖エドムンドについて知らせるため，教会堂内に殉教者伝を記した看板（tabula）が置かれた。また，司教と修道院との協同が見られたのであるが，それがイースト＝アングリア司教ではなかった点に注目すべきである。新しい内陣への聖エドムンドの移葬に際して，聖所を訪れるすべての人に対して贖宥を与えたのは，ウィンチェスター司教ワルケリン（在位 1070-98 年）であった。巡礼者は贖宥と治癒を求めてベリー＝セント＝エドムンド修道院へやって来た。ハーマンによれば，聖エドムンド崇拝は盛んになり，人びとが贖宥を得たり癒されるためにイングランド全域から旅して来た。

　聖エドムンド崇拝は海外へも拡大していった。1070 年，ボールドウィンはローマを訪問したが，ハーマンによれば，修道院長は，聖エドムンドの衣服類である聖遺物を携えていた。途中，都市ルッカの聖マーティン教会にそれを保管させている。その結果，ひとつの祭壇が聖エドムンドに捧げら

れ,そこで少年が癒される奇蹟が起きた。ローマへの旅行とは,おそらく,1070年教皇アレクサンダー2世を訪問したときであろう。グランスデンによれば,ボールドウィンは,聖マーティン教会の献堂式に参列するためにルッカを訪れたという。おそらく,ローマ教皇が修道院長にその訪問を勧めたのであろう。教皇アレクサンダーは,アンセルムとしてルッカ司教(在位1057-61年)であったときに,それまで廃虚となっていた同教会を修復していたからである。

聖人への奉納物の増加は,その聖遺物の価値を高めたが,聖エドムンド崇拝はボールドウィンの働きによって拡大していった。かれは,イースト=アングリア司教からの免除特権を獲得することに成功した。また,カヌート王による修道院創建時の寄進財産を減じることなく,他のすべての修道院をしのぐほどの富をもたらしたのである。このように,ボールドウィンは,修道院長に就任したベリー=セント=エドムンド修道院に対して損失をもたらすことなく伝統を守ったばかりか,威厳を高め繁栄をもたらすための刷新を行ったのである。

おわりに

本章では,異民族異文化接触の事例としてノルマン征服を取り上げて検討してきた。異民族異文化接触という場合,外的脅威・圧力を感じたのは,異民族間だけでなく,修道士と在俗聖職者といった異なった集団間の対立においてもそうであった。征服の結果は,たしかに,ノルマン人がアングロ=

サクソン人の伝統文化を疑問視したり，アングロ＝サクソン人へ刷新を迫るものであった。しかし，逆に，ノルマン人がアングロ＝サクソン人の伝統文化を利用することもあった。その意味では，ノルマン人も自己刷新・変容をとげることになったのである。こうして，ノルマン文化とアングロ＝サクソン文化が融合して新たなイングランド文化，そして新しい伝統が生み出されていく。

　11世紀からの教会改革運動についても，たしかに，それは教会内部からの変革であり，伝統（原点）に戻ることをめざしていたが，同時に，それは，宗教的集団間で，外からの刺激を受けたり，競争相手からの批判に応えるために刷新をめざすものであったのである。

文献リスト

（第1節）

D.Rollason ed., *Symeon of Durham, Libellus de Exordio atque Procursu istius hoc est Dunelmensis Ecclesie.* Oxford, 2000.

T. Arnold ed., *Symeonis Monachi Opera Omnia*, 2 vols. (RS75) London, 1882-5.

デイヴィッド・ロラソン，山代宏道訳「ダラム司教座教会―ノルマン征服前後の北部イングランド修道院共同体とその都市―」『西洋史学報』36号（2009年3月）pp.73-95.

M.Thurlby, "The Roles of the Patron and the Master Mason in the First Design of the Romanesque Cathedral of Durham," in D. Rollason, M. Harvey & M. Prestwich ed., *Anglo-Norman Durham 1093-1193*. Woodbridge, 1994. pp.161-84.

G. Bonner, D. Rollason, and C. Stancliffe ed., *St Cuthbert, his Cult and his Community to AD 1200*. Woodbridge, 1989.

W.Aird, *St Cuthbert and the Normans: The Church of Durham, 1070-1153*. Woodbridge, 1998.

A.J. Piper, "The First Generations of Durham Monks and the Cult of St Cuthbert," in G. Bonner et al. ed., *Op.cit.*, pp.437-46.

J. Cook, "The Architectural Setting of the Cult of St Cuthbert in Durham Cathedral(1093-1200)," in D.Rollason et al. ed., *Anglo-Norman Durham*. pp.230-50.

D.Rollason, *Saints and Relics in Anglo-Saxon England*. Oxford, 1980.

R.A.B.Mynors, R.M.Thomson & M.Winterbottm ed., *William of Malmesbury: Gesta Regum Anglorum*, 2 Vols. Oxford, 1998.

(第2節)

山代宏道「中世イングランド司教の統治戦略―ハーバート＝ロシンガを中心に―」『広島大学大学院文学研究科論集』66巻（2006年12月）, pp.47-65.

T.Pestell, "Monastic Foundation Strategies in the Early Norman Diocese of Norwich," *Anglo-Norman Studies* [*ANS*],

XXIII (2000), 2002. pp.199-229.

T.Pestell, *Landscape and Monastic Foundation: Establishment of religious houses in East Anglia, c.650-1200.* Woodbridge, 2004.

B.Dodwell ed., *The Charters of Norwich Cathedral Priory*, Part I. London, 1974.

B.Dodwell, "Herbert de Losinga and the Foundation," in I.Atherton et al. ed., *Norwich Cathedral*, pp.36-43.

B.Ayers, "The Cathedral Site before 1096," in I.Atherton et al. ed., *Norwich Cathedral*, pp.59-72.

B.Ayers, *Norwich: 'A Fine City.'* Stroud, Gloucestershire, 2003 (1994).

I.Atherton et al. ed., *Norwich Cathedral: Church, City and Diocese, 1096-1996.* London, 1996.

D.Wollaston, "Herbert de Losinga," in I.Atherton et al. ed., *Norwich Cathedral*, pp.22-35.

M.Rule ed., *Eadmeri Historia Novorum in Anglia.* (RS 81) London, 1965 (1884).

H.W.Saunders ed., *The First Register of Norwich Cathedral Priory.* Norwich, 1939.

山代宏道『ノルマン征服と中世イングランド教会』(溪水社, 1996)

山代宏道「中世イングランドにおける生と死―聖人・治癒・救済―」『中世ヨーロッパにおける死と生』(共著者:水田英実・山代宏道・中尾佳行・地村彰之・四反田想・原野昇, 溪水社, 2006) pp.9-39.

C.Harper-Bill, "The Struggle for Benifices in Twelfth-Century East Anglia," *ANS*, XI (1988), 1989. pp.113-132.

C.Harper-Bill ed., *English Episcopal Acta VI: Norwich 1070-1214*. Oxford, 1990.

C.Harper-Bill, "The Medieval Church and the Wider World," in I.Atherton et al. ed., *Norwich Cathedral*, pp.281-313.

C.Harper-Bill, "Searching for Salvation in Anglo-Norman East Anglia," in C.Harper-Bill, C.Rawcliff, & R.G.Wilson ed., *East Anglia's History: Studies in honour of Norman Scarfe*. Woodbridge, 2002. pp.19-39.

N.Tanner, "The Cathedral and the City," in I.Atherton et al. ed., *Norwich Cathedral*, pp.255-280.

H.Clarke & A.Carter, *Excavations in King's Lynn 1963-1970*. The Society for Medieval Archaeology, Monograph Series: No.7. London, 1977.

D.H.Farmer, *The Oxford Dictionary of Saints*. Oxford, 1990 (1978).

S.Margeson, S.Fabienne, & A.Rogerson, *The Normans in Norfolk*. Norwich, 1994.

ハンス＝ヴェルナー＝ゲッツ著，津山拓也訳「死に向けた人生？―中世の死生観―」『中世ヨーロッパの万華鏡，第2巻，中世の聖と俗―信仰と日常の交錯する空間―』（八坂書房，2004）pp.135-203.

A.Wareham, "The Motives and Politics of the Bigod Family, c.1066-1177," *ANS*, XVII (1994), 1995. pp.223-242.

C.Rawcliff, "Learning to Love the Leper: Aspects of Institutional Charity in Anglo-Norman England," *ANS*, XXIII (2000), 2001, pp.231-250.

(第3節)

A.Gransden,"Baldwin, Abbot of Bury St Edmunds, 1065-1097," *ANS*, IV (1981), 1982. pp.65-76.

山代宏道「ベリー=セント=エドムンド修道院長ボールドウィンの戦略」『宗教的共同体の世俗的戦略―中世イングランド修道院共同体―』(科研費補助金・基盤研究C研究成果報告書, 平成19年3月) pp.41-49.

宮城徹「Bury St. Edmunds 修道院長 Baldwin と『ノルマン征服』―危機の時代における修道院の所領維持戦略―」『史学研究』264 (2009), pp.1-19.

D.C.Douglas ed., *Feudal Documents from the Abbey of Bury St. Edmunds.* London, 1932.

N.Scarfe, *Suffolk in the Middle Ages.* Woodbridge, 1986.

J.Seymour, *The Companion Guide to East Anglia.* London, 1974 (1970).

ダラム司教座教会

ダラム城

ノリッジ司教座教会

ノリッジ城

フランス中世文学にみる伝統と刷新
―― トリスタン伝説と『狐物語』を例に ――

原 野 昇

はじめに

　文学作品の作者は自らの想像力を駆使して一つの作品世界を構築する。その際，それまでみられなかったまったく新しい独自の作品世界を構築する場合も多いが，既存の類似の作品を素材として利用する場合も少なくない。作者の言語体験のなかには過去および同時代のさまざまな文学作品との出会いも含まれているので，作者の作品構築において，そのような既存の作品との出会いが何らかの影響が皆無であることはなく，だからこそ作品は過去の言語体験である縦糸と横糸を織り合わせたテクスト（織物）と呼ばれることもあるのであるが，ここではそのような一般論ではなく，作品のプロットを中心に主要なテーマやモチーフについて，先行作品にみられるものとの類似性や同型性が指摘でき，かつ作者が意図的にそれらを利用したとみなすことができる場合に，その作品は既存の作品を素材または源泉としていると考えることにする。

先行作品を新たな作品の素材として利用する場合，先行作品のあらすじや構成などをかなり忠実に取り入れる場合と，それらを単なるヒントとして利用して，先行作品とはかなりかけ離れた内容の新しい作品が生み出される場合とがある。そのいずれの場合においても，新たな作品の作者は読者／聴衆により受け入れられやすく，より強いインパクトを与えることに意を注ぐ。

ある特定の時代のある地域に生活する作者が，先行する作品を素材として新しい作品を創造するに際し，先行作品に対するさまざまな改変が行われるわけであるが，その改変にいわば物質的なものと精神的なものとがある。物質的なものというのは，その作品の舞台，登場人物の衣食住などの自然的・社会的環境に関するものである。精神的なものというのは，登場人物個人個人および彼らが属する集団，社会における精神的環境，心性に関するものである。ここではフランス中世文学の作者による，先行作品の物質的な内容の改変も参照にしつつも，主として精神的な内容の改変に焦点をあててみていくことにする。「伝統」を「ある集団・社会において，歴史的に形成・蓄積され，世代をこえて受け継がれた精神的・文化的遺産や慣習」（大辞林）とすれば，フランス中世作品における精神的な内容の改変のなかには，伝統と呼んでもいいほどに確立していたテーマやモチーフの刷新とも呼べるような改変も含まれているのではないかと思われるからである。具体的には，トリスタン伝承のフランス中世社会における変容と，動物を登場人物とする物語の伝承のなかにお

ける『狐物語』の位置づけを通して，文学における伝統と刷新の問題をみていきたい。

1．トリスタン伝説とフランス中世社会
(1)『トリスタンとイズー物語』とその源泉

『トリスタンとイズー物語』(12世紀) は次のような内容である。

> コーンウォール王マルクの甥トリスタンは伯父マルク王のためにアイルランド王の娘イズーをかちとる。しかしアイルランドからコーンウォールに連れ帰る船上で過って飲んだ媚薬のせいで互いにかたく結び付けられる。イズーがマルク王と結婚した後も，トリスタンとイズーは激しく愛し合い，森の中に逃げ込んだり，様々な妨害や苦難に会うが，無事切り抜ける。しかしついにマルク王によって追放されたトリスタンはフランスのブルターニュで暮らしていたが，カルエの戦いで毒槍を受け致命傷を負う。ただ一人この傷を治すことができるイズーを呼びにやり，イズーは舟でトリスタンのもとにかろうじて着いたが，トリスタンの死には間に合わなかった。トリスタンはその直前に聞かされた，イズーは舟に乗っていないという虚報に失望して息絶えていたのである。駆けつけたイズーも恋人を失った悲しさのあまり死ぬ。

この作品に出てくるトリスタン，イズー，マルクなど主要登場人物の名前の語源や舞台となっている地名などから，この作品はケルト起源だと言われている。事実，ケルトの伝説のなかに「駆け落ち譚」と呼ばれるいくつかの作品があり，

そのなかの『ディアルメイドとグライーネの駆け落ち物語』(以下『ディアルメイドとグライーネ』と略記)というのは，フランス中世の『トリスタンとイズー物語』のかなり直接的な源泉ではないか，と言われている。そのあらすじは次のようなものである。

> アイルランド王コーマックの娘グレインは，親の意向で心ならずも老いた部族長フィンの妻となる。フィンの甥ディアルメイドには，それを見る女性をとりこにしてしまう一種のほくろ love-spot があった。グライーネに言い寄られた若者ディアルメイドは，伯父への信義からこれを拒絶する。グライーネは彼に一種の呪縛ジェーシュ geis をかけ，二人は宿命的に結びつけられ森に逃げ込んで愛の生活を送る。

これら両作品の間には，あらすじの骨格をなす部分に大きな共通点が認められる。

(i) 王または部族長と結婚した女性が別の若い男性と愛し合うことになる，いわば三角関係の物語
(ii) 三人の人物の関係が，恋人の若い男性は相手の女性の夫の甥，という関係
(iii) 二人の恋人を結びつけるのは人知を超えた力（特殊なほくろと呪縛，媚薬）
(iv) 二人の恋人は森の中に逃げ込んで愛し合う

などの点である。なかでも二人の恋人が愛し合うようになるきっかけとして，人間の力を超えたものを介在させている点(iii)は，両者の類似性を指摘する重要な要素である。どちらの物語においても，自分ではどうにもならない，当人たちの

意志を超えた力によって，二人は互いに相手に惹き付けられるようになる。

(2)『ディアルメイドとグライーネ』と『トリスタンとイズー物語』
(a) ほくろ，ジェーシュと媚薬

しかし相違点も多い。二人を結びつける人知を超えた力の具体的な現れが，『ディアルメイドとグライーネ』においては特殊なほくろと呪縛力（ジェーシュ）であり，いずれもある特定の個人に生まれながら備わっているものである。特殊なほくろは生まれつきの身体的特徴であり，ジェーシュの方は生まれつきの能力である。それに対し『トリスタンとイズー物語』における媚薬は生まれながらに身体に備わっているものではなく，二人の人間の外にある物（飲み物）である。それを飲み込むことによって，それを飲んだ人間の内部で力が作用し始める。ほくろは男性に生まれつき備わっていて，女性を惹き付ける。ジェーシュは女性に備わっていて，男性を惹き付ける。それに対し，媚薬は双方が飲み，双方において作用する。

ほくろは男性の意志に関係なく，生まれながらに備わっている身体的特徴である。ジェーシュの方は生得的な能力ではあるが，その女性がある男性を選んだ上で，その男性に対してかけるものである。すなわち，その男性はジェーシュをかけられて初めて自分の力ではどうにもならなくなる。しかし作用するのはあくまでも人間を超えた力であって，その力が二人の男女を結びつけるのである。

媚薬は人間の手で作り出されたものである。イズーの母親（彼女も同じくイズーという名前）が, 花嫁となる娘イズーと夫マルク王とがより強く結ばれるようにと調合したものである。母親イズーは薬草の見分け方, 調合の仕方などに通じており, 特別の才能を備えた女性である。

　いずれにせよ,『ディアルメイドとグライーネ』におけるほくろと呪縛力が生得的なものであるのに対し,『トリスタンとイズー物語』における媚薬はそれを手に取り飲むという人間の行為によって作用が始まる。この点はケルトの駆け落ち譚がフランス中世のキリスト教社会に移されたときの一つの大きな特徴ととらえることができるのではなかろうか。なぜならば, アダムとイヴが楽園を追放されるきっかけとなったのも, 二人が禁断のリンゴを食べたことであったからである。アダムとイヴもトリスタンとイズーも, それとは知らず手にし口に入れたのである。

(b) ほくろ, ジェーシュ, 媚薬の期限

　『ディアルメイドとグライーネ』と『トリスタンとイズー物語』のもう一つの大きな相違点は, ほくろとジェーシュ（呪縛）にはその作用に終りがないのに対し, 媚薬には期限があるということである。『ディアルメイドとグライーネ』においてほくろとジェーシュの期限について言及されてはいないが, ほくろは生得的な身体的特徴なので当然一生消えないと考えてよかろうし, ジェーシュの方も生得的な能力なので同様に考えてよかろう。

ところが媚薬については、『トリスタンとイズー物語』のなかに次のような記述がある。

> 満三年の間、彼らは苦しみをなめ、
> 彼らの体は蒼ざめ、窶れ衰えた。
> 皆様がた、薬酒のことはすでにお聞き及び、
> ふたりが飲み、そのため長い間
> かくも苦しむ原因となった薬酒のことは。
> だが、私が思うに、皆様はご存知ない、
> あの恋の飲物、薬草入りの酒に
> どれほどの期限が付けられていたかを。
> これを煎じたイズーの母は
> 三年の愛にとつくりなした。
> マルクと娘のためにつくったのだ。
> ところが別の男が飲み、そのため追放の身。
> その三年の日々が続く間、
> 薬酒の効き目はトリスタンに、
> またイズーにも深く滲みとおり、
> それぞれが言う——「不幸せではない」。
> 聖ヨハネの祭りの翌日、
> 薬酒の期限にと定められた
> 三年が終わりを告げた。
> （中略）
> 獲物を追いかけている最中に、
> その時はやって来た——彼は立ち止まる——
> 恋の飲物を飲んでからの、その期限が。
> 　　　　　（2131-2159 行、新倉俊一訳、白水社。以下同）

(c) 宮廷社会（騎士社会）

媚薬に期限がなぜ設定してあるかと言うと，その期限を境にしてトリスタンの心に重大な変化が起こるということを導くためである。上の引用文に続く行では次のように展開している。

> たちまちひとりで後悔し始める—
> 「ああ，神よ！何という苦しみ！
> 今日で三年目，一日たりとも欠けぬ，
> あのときから苦しまぬ日とてなかった，
> 日曜祭日も，またふだんの日も。
> わたしは忘れていた，騎士の努めを，
> 諸侯に立ち交じる宮廷の暮らしを。
> それが今は王国から追放され，
> 一切合財なし，銀栗鼠の毛皮もなく，
> 騎士たちの集う宮廷にも居合わせぬ。
> 神よ！これ程わたしが罪深く振舞わなかったら，
> 親愛なる伯父王はどれほど愛してくれたかも知れぬ！
> ああ，神よ！何という不運な成行きか！
> 本来なら今頃は王の宮廷にあって，
> わたしについて騎士となるべく修行し，
> その恩義に報いるため奉仕する
> 百人もの若い貴公子に囲まれているはず。
> いっそどこぞ他の土地へと流れ，
> 武芸を頼りに奉公し，禄を食むべきだったか。
> それにまた，王妃のことで胸が痛む，
> 壁掛けのある部屋の代わりに小屋をあてがった。
> あの人は森にいる，本来ならば
> お付きの女たちにかしずかれ，

絹の帳をめぐらせた美しい部屋に暮らせるのに。
　　わたしゆえに間違った道に入ってしまった。
　　この世の主であられる神に
　　ひたすらお願い申上げる，なにとぞ
　　伯父上に無事に伴侶をお渡しできるよう，
　　我に力と勇気を与え給え。
　　この身になしうることであれば，
　　イズーがその夫たるマルク王との
　　仲直りのかなうよう，進んでそうすると
　　神にお約束する，なぜなら婚姻の契りは，
　　悲しいかな，ローマ公教会の定めに則り，
　　大勢のお歴々の居並ぶ前でなされていた」　（2160-2194 行）

　トリスタンは騎士としての務めをないがしろにしていたことに気づき，そのことを反省している。ここにみられるのは騎士トリスタンによる伯父マルク王の臣下としての自覚である。これは物語の背景としてフランス 12 世紀の宮廷社会をイメージし，主人公をその一員である若き騎士として設定したことに由来する。そこで騎士としての務め，名誉と恋人に対する愛との葛藤の問題を導入し，そのきっかけとして媚薬の期限の到来を持ち込んだのであろう。騎士としての務め，名誉と愛との葛藤はクレチャン・ド・トロワ（1135 頃—1190 頃）の作品をはじめとする宮廷風物語の重要なテーマである。

　イズーの方も宮廷内に暮らす女性のなかで最高の地位にある王妃として設定されており，そのような立場の女性として宮廷生活に思いを馳せ，今の物質的に惨めな生活を嘆く場面

が描かれている。

> この夕べトリスタンは嘆きに沈む。
> お聞きくだされ, イズーがどうであったかを！
> 彼女もしきりに嘆く──「惨めな, 不幸な女！
> そなたは花の若さをどうしてしまった？
> 森にあって, はしたない奴婢さながら,
> ここでそなたに仕える者などいないも同然。
> 私は王妃, とはいえその肩書きも
> 失ってしまった, 海の上で
> 私たちが飲んだあの毒のために。
> ブランガンのせい, しかと見張るべきだったのに,
> 愚かな女, とんだ手抜かりをしてしまって！
> 余りの失策に, あれにはどうすることもならぬ。
> 　（中略）
> トリスタンさま, 愛しい方, 私たちを
> 途方もない苦しみに追い込んでくれました,
> 私たちふたりに飲物を運んだ者は。
> これ以上巧みに騙すことはできはしますまい」
>
> 　　　　　　　　　　　　　　　　（2199-2220 行）

(d) キリスト教社会

　上に引用したトリスタンの独白は「後悔し始める」（2160行）で始まっているように, キリスト教的な罪の意識（2170行）が基調となっている。「神よ」という呼びかけが 3 度（2161, 2170, 2172 行）繰り返され,「この世の主であられる神に／ひたすらお願い申上げる」（2185-86 行）,「神にお約束する」（2192 行）と「神」が直接的に表現されているほ

か，結婚に対する教会の考え方に従うということも表明されている（2192-93行）。ケルトの伝承を素材としつつも，キリスト教がひろくいきわたった聴衆／読者を意識した作者の配慮と考えてよかろう。

そのような配慮は『トリスタンとイズー物語』全体にみられることである。たとえばモロワの森に逃げ込んで暮らしていたトリスタンとイズーの二人は，ある日隠者オグランのもとに，マルク王へのとりなしを頼みに行く。実は，以前にも一度二人はこの隠者のもとを訪ねたことがある。そのときは，隠者から，おまえたちは間違ったことをしているので悔い改めるようにと勧められたにもかかわらず，二人は聞く耳を持たなかった。それだけにこのたびの二人の後悔がより効果的になっている。二人は隠者の前でそれぞれ後悔のことばを発するが，同時に二人の間にはやましいところはない，そのことは決闘してでも誓う，と言う。隠者もそれを受け入れ，トリスタンとイズーは深い関係にあったが後悔したので，今や二人の関係にやましいところはないとして，マルク王に宛てとりなしの手紙を書く。手紙を受け取った王は，臣下の助言を受け入れ，イズーは宮廷に再び迎え入れ，トリスタンは国外に追放することにした。

愛し合う二人が隠者のもとを訪れるというモチーフは，クレチャン・ド・トロワの『ペルスヴァル（聖杯物語）』（1182年頃）にもみられる。

先に述べたように，キリスト教の影響を思わせるような描写や叙述は『トリスタンとイズー物語』の全編を通じて指摘

できる。しかしここで注意しておかなければならないことは，だからと言って『トリスタンとイズー物語』がキリスト教色の強い作品ととってはならないということである。全体としてはその反対と言ってもいい。トリスタンとイズーの密会が露見しそうになったり，処罰されそうになったりするたびに，その窮地を何度も脱するのは，キリスト教倫理に反する二人の関係を天がむしろ擁護しているようにさえみえる。具体的には，臣下から二人の関係を密告されたマルク王が二人の密会を自分の目で確かめるために，泉の傍の松の木に登って見張るが，泉に映った王の影に気づいたイズーの機転で，二人は無難な会話を交わし，それを目撃したマルク王は疑念を振り払うという「松の木の下での密会」のエピソード，マルク王一行が狩猟に出かけた留守中に密会していた二人が，密告により急遽宮廷に引き返した王に現場を取り押さえられ，トリスタンは火刑に処せられることになり，処刑場に向かう途中，崖の上の礼拝堂で告白の祈りをささげることを許されるが，隙をみて窓から跳び降りたトリスタンはマントが落下傘の代わりをして無事着地するという「崖の上の礼拝堂からの跳躍」のエピソード，モロワの森の森番からの密告で二人の愛の小屋を急襲したマルク王は，眠っている二人の間に抜き身の剣が置いてあるのを見て，二人の潔白を確信するという「抜き身の剣」のエピソードなどである。

　このように，キリスト教倫理に反する関係にある二人の間の愛ではあるが，その愛を肯定し賞賛するような描き方こそが『トリスタンとイズー物語』の真髄であると言え，聴衆

/読者からも，建前としてのキリスト教倫理に反してはいても，男女の愛の一つの姿として文学の世界では受け入れられ，期待されていたのである。こう考えるとこの作品の随所にみられるキリスト教的要素も，キリスト教社会にある聴衆/読者によって，お伽話ではなくより現実味を帯びた物語として，違和感なく受け入れられるための背景づくりに過ぎないということになる。いずれにせよ，ケルト伝承のテーマを12世紀フランスの社会に合わせて改変したものであり，一種の刷新ととることもできよう。

(3) ベルールとトマ

ベルールは次のように書いている。

> そもそも昔からトリスタンの物語を
> 世に語り伝える者たちは，
> さまざまに語っているのだ。
> 現に私は何人もの人の話を聞いた。 (841-844 行)

それまで口承で伝わっていたと思われるトリスタン伝承が12世紀フランスにおいて書かれた文学テクストとして誕生した。1170年頃の作とされるベルールによるものと，1170-75年頃の作とされるトマ・ダングルテールによる『トリスタンとイズー物語』である。これらの元になったと考えられる「原トリスタンとイズー物語」とでも呼ぶべき作品が1150年代にはすでにフランスで書かれていたと推定されている。ベルールが自分の作品中で「エストワール Estoire」と呼んでいる（1267, 1789行）ものである。（新倉訳では「元の話」

〔1267 行〕,「ものの本」〔1790 行〕と訳されている。)

　これらのフランス語作品を基に,ドイツ,北欧,イギリスでも翻訳・翻案されて多くの作品が作られていった。ドイツ語のアイルハルト・フォン・オベルクの『トリストラント』,ゴットフリート・フォン・シュトラスブルクの『トリスタンとイゾルデ』,古ノルウェー語のロベールの『トリスタンのサガ』,英語の『トリストレム卿』などである。フランスではそのほかに,一つのエピソードだけを物語った『トリスタン佯狂』,マリ・ド・フランスの『すいかずら』もある。さらに13世紀には『散文トリスタン物語』も書かれ,そこではトリスタンはアーサー王宮廷の騎士として扱われている。このように中世ヨーロッパにおいてトリスタン伝承から多くの作品が生み出されている。

　その発端となったのは,先にも述べたように,現存はしないがおそらく12世紀半ばにフランスで書かれたであろうと推測される「エストワール」である。そこから出発していろいろ枝分かれしていったと推定されるそれらの作品の間には,その内容,文体,雰囲気などの点において大きな差がある。それらは大別して,ベルール系統とトマ系統とに分けられる。前者は流布本系統あるいは俗伝本とも呼ばれ,後者は騎士道本系統あるいは宮廷風雅体本とも呼ばれる。それぞれの系統には次のような作品が分類される。

　　流布本(俗伝本)系統
　　　　ベルール『トリスタンとイズー物語』(1170 年頃)
　　　　ベルン版『トリスタン佯狂』(12 世紀末)

アイルハルト・フォン・オベルク『トリストラント』(ドイツ語，1170 年頃)
『散文トリスタン物語』(1215-30 年頃)
騎士道本（宮廷風雅体本）系統
トマ『トリスタンとイズー物語』(1170-75 年頃)
オクスフォード版『トリスタン佯狂』(12 世紀末)
ゴットフリート・フォン・シュトラスブルク『トリスタンとイゾルデ』(ドイツ語，1202-10 年頃)
『トリストレム卿』(英語，13 世紀初頭)
ロベール『トリスタンのサガ』(古ノルウェー語，1226 年)

物語全体を4つの部分に分けると以下のようになる。
前半部
 (i) トリスタンの誕生から，マルク王がイズーと結婚するまで。
 (ii) マルク王がトリスタンとイズーの不義の証拠を握り二人を追放。恋人たちの森での生活。
後半部
 (iii) イズーはマルク王のもとに帰り，トリスタンのみ再度追放。トリスタン，フランスのブルターニュに渡り，白い手のイズーと結婚。
 (iv) トリスタン，毒剣の傷を受け死に瀕しイズーを呼びにやる。恋人たちの死。

上にあげた現存作品のうちアイルハルトの『トリストラント』はほぼ全体を物語っているが，その他の作品はすべて不完全である。ゴットフリートの『トリスタンとイゾルデ』は (i) から (iii) までで，未完である。ベルールのものは (ii) から (iii) の初めまでを語っている唯一写本（全 4485 行）のみが残っており，トマのものは，たまたまであるが，ちょうど

ベルールの最終箇所から (iv) の終りまでを語っているいくつかの断片写本（合計3500行弱）によって伝えられている。

ここではフランス語のベルール版とトマ版とを比較し，両系統の特徴をみていくことにする。

(4) ベルール版の特徴

(a) 簡潔な叙述

ベルール版には微妙な心理描写などがなく，事態の推移をそのまま簡潔に描いている。たとえば，占いの能力をもった小人のフロサンは，トリスタンとイズーの間柄をしばしばマルク王に告げ口し，そのたびに王はフロサンの言うとおりに行動し，フロサンの言動に翻弄されるが，その最後はあっけない。

> 小人は王の秘密を知っていた，
> 知る者は彼ひとりのみ。それがとりのぼせて
> 秘密をばらしてしまう。愚か極まる振舞いだ，
> そのために王に首を刎ねられるのだから。
>
> （1307-1310行）

フロサンは酔って3人の重臣を森に案内し，さんざしの木の下の穴に頭を入れ，「マルク王の耳は馬の耳だ」（1334行）と王の秘密を話す。それは，自分はさんざしの木に向かって言ったのであり，臣下に言ったのではないというお膳立てであった。しかしそれを聞いた3人は，翌日朝食の後，王に向かって言う。

> 「王様，あなたの秘密を知っておりますぞ」

王は笑い出して，言った──「この災難，
　　余の耳が馬の耳になったのも，
　　元はと言えば，この占い師のせい。
　　よいか，こ奴の命もこれまでだ」
　　剣を引き抜くと，小人の首を切り落とす。（1342-1347行）

　このように，トリスタンとイズーの不義の密会の現場をマルク王にとり押さえさせようとする「松の木の下での密会」のエピソード，トリスタンが自分のベッドからイズーのベッドに行くと足跡が残るように，二人のベッドの間に小麦粉を撒いておく「小麦粉」のエピソードなど，重要な役割を果たしていた小人のフロサンの最期は，僅かな行数で簡潔に語られている。

　若いトリスタンが甥であるがゆえに伯父王から重用されるのを面白く思わない古くからの重臣3人は，王にトリスタンの不義を密告し，トリスタンの追放を謀る。追放されたトリスタンたちはモロワの森で木の枝と葉でこしらえた小屋を住処として暮らしている。そこへ狩りにやってきた3悪人の一人を，トリスタンに使えるゴヴェルナルが見つけて殺す場面も下のように簡潔に描写されている。

　　ゴヴェルナルは待ち伏せの場所から躍り出た。
　　相手のなした悪事を思い起こし，
　　頭を斬りとると，これを携えて去る。
　　狩人たちは，…
　　　（中略）
　　　…見た，木の根元に

首のない主の胴体を。
　　　逃げ足の早い者から先に逃げ出す。
　　　王が布令を回させた，あの
　　　トリスタンの仕業だと考えたからだ。
　　　コーンウォール中の者が聞き知った，
　　　トリスタンと王を不仲にした張本人，
　　　三人のひとりが首を失ったことを。　（1708-1721 行）

(b) 粗野な描写

　ベルールの語り口は簡潔なだけでなく，粗野で荒々しいところもあり，ときには残虐なまでの行為が描写されていることがある。たとえば，上の引用文に続く場面は次のように描かれている。

　　　死人の首を手に提げたまま，
　　　ゴヴェルナルが宿に戻って来る。
　　　支え木の二股に別れた枝に，
　　　髪の毛で首を結わえつけた。
　　　トリスタンは目を覚まし，生首を見ると，
　　　脅えて跳び起き，その場に立ち竦む。
　　　大声で指南役が叫んだ—
　　　「どうか動かずに，ご安心なされよ。
　　　この剣で私が殺しました。
　　　いかにも，この者は殿の敵でありましたぞ」
　　　それを聞いて，トリスタンは大喜び。
　　　最も恐れていた男が殺されたからだ。　（1735-1746 行）

　倒した敵の生首を棒杭に突き刺したりぶら下げたりするのはケルトの風習と言われ，『謎の美少年』 *Le Bel Inconnu*

(1939-2186 行)をはじめ，他の多くのフランス中世作品にもみられるモチーフである。これに対しフランス中世における騎士同士の戦い方の典型は一騎討ちである。馬上で楯と水平にした槍を持った騎士同士が突進し合い，すれ違いざまに相手を槍で突き落馬させる。ときには槍で胴体を串刺しにして落命させることがあるが，勝負はそこまでであり，その後相手の首を切り離したりはしない。そのような中世の騎士同士の堂々とした戦い方に比べれば，ゴヴェルナルの待ち伏せという襲い方だけでなく，倒した敵の生首を棒杭にぶら下げる場面まで描かれているということは，ベルール版の語り口の荒々しさを表わしていると言えよう。別の言い方をすれば，素材の全面的な，じゅうぶんな「中世化」，「宮廷風化」が済んでおらず，部分的にはケルトの伝承が色濃く残っているとも言える。

トリスタンは追放され，イズーのみはマルク王の宮廷に戻った後も，悪意の臣下の中傷は続き，イズーは身の潔白をみなの前でたてることになる。使いの者をとおしてあらかじめ打ち合わせておいたとおりレプラ（ハンセン病者）を装ったトリスタンに馬乗りの形で背負われて浅瀬を渡ったイズーは次のように誓う。

> この世にあるすべての聖遺物にかけて，
> 今しがた駄馬のかわりをつとめ，
> 浅瀬の向こうに運んでくれた癩病み，
> それに我が夫マルク王以外に，
> いかなる男も我が股の間に入ったことなし。

(4204-4208 行)

と非常に大胆なことばづかいで誓っている。この「我が股の間に」という表現は，その誓いのことばを聞いた人によっても繰り返されている。

> あの方は誓って約束なされた，
> ご主人であられるマルク王と，
> 昨日の三時課ごろ，あの方を
> 背負って浅瀬を越えた癩病み以外，
> 誰ひとりとして股の間に入った者なし，と。

(4226-4230 行)

ちなみに，現存の中世ヨーロッパの種々のトリスタン関係の作品（1（3）参照）を総合・編纂して独自の『トリスタン・イズー物語』を書いた，19世紀末から20世紀初頭に活躍した文献学の泰斗ジョゼフ・ベディエは「わが主マルク王さまと，（中略）あの巡礼をほかにして，わたくしをその両の腕(かいな)に抱いたものはござりませぬ」（佐藤輝夫訳，岩波文庫，p.173）と書き直している。「我が股の間に」という表現にもベルール版の気取らない直截的な語り口の特徴が指摘できるであろう。ただし，ベルール版にも宮廷風文学になじみの語り口はみられるのであり，その矛盾した語り口から，作者の単一性に疑念を抱く研究者もいる。

(5) トマ版の特徴

(a) 繊細さ

ベルール版に比べトマ版では，微妙な心の動きを表わした

モノローグなど，繊細な語り口が随所にみられる。たとえば，トリスタンのイズーへの思いが次のように描かれている。

  イズー，美しい人，
  あなたの生活はずい分と変わりやすい。
  わたしたちの愛はとても遠のいて，
  いまはただわたしを失望させるだけ。
  あなたのために喜びも楽しみも失ったのに，
  あなたは夜も昼も手にしている。
  わたしは大いなる苦しみに生きているが，
  あなたは愛の喜びに生きているのだ。
        （スニード写本 (1)，5-12行）

あるいは，二人の「自分」を仕立てて対話させる自問自答の形式で，複雑な心のなかが表わされている場合もある。

  心の中でひしひしと感じる，あの人は
  わたしをほとんど愛してはいない。
  なぜなら，心の中でもっと愛しているなら，
  何か手を尽くして慰め励ましてくれるだろう。
  —彼女が，何について？—この悩みさ。
  —どこでわたしを見つける？—今いる場所。
  —どこに，どの土地にいるかを知らなければ？
  —知らない？ ならば人に探させたらいい！
  —何のために？—この苦しみのためさ。
  —夫に気兼ねして到底できはすまい，
  仮にそうする意志があったとしても。
  —その意志が持てなかった以上，何になる？
  夫を愛したらいい，すがりついていればいい！

わたしを思い出してくれとは頼まぬ！
　　　　　　　　　　　　（スニード写本(1), 83-96行）

イズーにおいても心情がしばしば吐露されている。

　「愛しい人，美しい方，
　これほどの苦しみを残してお立［ママ］ちになる
　この日のことは，お忘れにならないで。
　お別れするのがつらい苦しい，いままで
　苦痛の何たるかを分かっていなかった。
　もう二度と，愛しい人，喜びを持てますまい。
　なんと惨めな！　このような優しさ，
　あなたの愛とお別れしなければならぬとは！
　あなたの愛から離れることになるのですもの。
　私たちの体はいま切り離さなければなりませんが，
　でも愛は決して離れることはありません。
　　　　　　　　　　　　（ケンブリッジ写本, 43-53行）

　一人追放されたトリスタンはマルク王とイズーの暮らすコーウォールの宮廷から遠く離れたフランスのブルターニュで暮らしているが，イズーからの音沙汰が無いのに不安を募らせ，恋人の金髪のイズーと同じ名前の白い手のイズーと結婚することを決心する。そしてそれは金髪のイズーを愛しているがゆえの結果だと説明されるが，ある女性を愛しているがゆえに別の女性と結婚するという，容易には理解されにくい行動であるだけに，トリスタンの心の葛藤として詳しく描かれている。ことばを換え，ときに矛盾した説明を繰り返すことによって，トリスタンの複雑な心の動きが詳細に描写さ

フランス中世文学にみる伝統と刷新　109

れている。第二のイズーとの結婚を決意するにいたるまでのトリスタンが悩む様子も，上で引用した（83-96 行）二人の「自分」による自問自答も含めて多くの詩行が費やされているが，結婚式をあげた後も，トリスタンの葛藤は続く。

> もうひとりのイズーと結婚することで，
> この女から解き放たれると思った。
> そもそも，このイズーがいなかったら，
> もうひとりをそれほど愛するはずがない。
> けれども，イズーを愛したがために，
> 第二のイズーを愛する気になったのである。
> それも，捨て去る気になれないからこそ，
> 第二のイズーに欲望を抱いたので，
> もしも王妃を手に入れられたら，
> 若い娘のイズーを愛したりはしなかった。
> それゆえ，どうやら，言わなければならぬ，
> これは愛でもなく，怒りでもなかった。
> なぜなら，もしこれが至純の愛であったら，
> 恋人の意志に背いて，トリスタンが
> その娘を愛したりするわけがない。
> これは正真正銘の憎しみでもなかった。
> なぜなら，王妃への愛のために
> トリスタンは若い娘を愛したのだ。
> そのような愛のために結婚した以上，
> これは従って憎しみではなかった。
> なぜなら，イズーを心から憎んでいたなら，
> 愛のために別のイズーを娶る訳がなく，
> もしも至純の愛でイズーを愛していたら，

第二のイズーと結婚するはずがなかった。
(スニード写本 (1), 307-330 行)

　その後も，恋人のイズーとのことを思えば，この女性（白い手のイズー）と寝るわけにはいかない，さりとて，正式に皆の前で結婚したからには，この女性と別れるわけにもいかない，というトリスタンの心の葛藤が 178 行にも及ぶ長いモノローグ（411-588 行）で描写されている。結局この間の 650 行弱で，筋の展開と言えば「トリスタンは別の女性（白い手のイズー）と結婚した」ということのみであり，その大半はトリスタンの心理描写である。

(b) 愛と理性の止揚

　粗野で荒削りなところがあるベルール版に比べトマ版の繊細な心理描写が目立つが，見逃してならないのはトマにおける愛と理性の止揚と呼ぶことができるような愛のとらえかたである。上で紹介した白い手のイズーとの結婚の例で言えば，金髪のイズーへの愛は真の愛であり理性にかなうものであり，他方白い手のイズーへ惹かれるのは欲望であり理性に反するものという説明である。

> 快楽を諦めるのも味わうのも
> 共にトリスタンの意に反する。
> 彼の本性は自然の姿で現れることを望むが，
> 理性はイズーに忠実でありつづける。
> 彼が王妃に抱く渇望は
> 娘に抱く欲望を奪い去る。
> 渇望は欲望を彼から奪うため，

本性は力を及ぼせない。
　　愛と理性とが彼を拘束して，
　　肉体の欲望にうち克つのだ。
　　イズーに抱く愛が
　　本性の欲求を奪い去り，
　　渇望なくして心に抱いた
　　欲望にうち克つのだ。
　　娘と行為する欲望はあった，
　　しかし愛が彼を引き戻す。
　　　　　　　　　　　（スニード写本 (1), 593-608 行）

　これと関連して，トマにおける理知の尊重ということも指摘できる。先に紹介したトリスタンのイズーへの思いや心の葛藤の長い描写も，見方を変えれば作者が聴衆／読者に納得してもらおうと説明に努めているともとることができる。
　マルク王，イズー，トリスタン，白い手のイズーのがそれぞれ苦しむ様が描かれた後，つぎのように締めくくっている。

　　四人のうち誰が最も苦しんでいるか，
　　同じ経験をしたことがないから，
　　ここで私は言うことができず，
　　理由を説明することもできない。
　　私は問題提起をするにとどめ，
　　あとは世の恋人がたが判断なされよ，
　　愛の恵みを最も受けているのは誰か，
　　あるいは，愛を欠いていて最も苦しむのは誰か。
　　　　　　　　　　　（トリノ写本 (1), 144-151 行）

　イズーと侍女ブランジァン（ブランガン）との言い合いに

おいても，50行におよぶイズーの発言（ドゥース写本，82-131行）をはじめ，双方の長い会話が続くが，それらは互いに相手を説得しようとする一種の論争の観を呈しており，聴衆／読者の知性に訴える語り口である。

(c) 自由意志

　（2）(b) で，ケルトの駆け落ち譚『ディアルメイドとグライーネ』では，フランス中世の『トリスタンとイズー物語』における媚薬に相当するほくろやジェーシュ（呪縛）に期限が無いのに比較して，媚薬には期限があるということをみたが，実はそれはベルール系統の版のことである。トマ系統の版には媚薬の期限に関する言及がみられないのである。（2）(c) で，媚薬の期限の導入の理由として，トリスタンとイズーの愛は運命に支配されている男女の盲目的な愛ではなく，フランス中世の宮廷社会における騎士と主君の奥方の愛として位置づけるためであり，そのためのきっかけとして工夫されたものであろうと想定した。

　それならばトマ系統の版に期限に関する言及が無いということはどのように解釈すればよいであろうか。それは，愛は二人の個人の自由意志による選択の結果であるとする宮廷風恋愛の考え方をさらに重んじようとした結果であろう。二人を結びつける媚薬の圧倒的な力を弱め，媚薬を飲む以前から二人の間には恋が芽生えていたと考え，媚薬は二人の愛の引き金にすぎない，と位置づけられているのではなかろうか。事実トリスタンがアイルランドでイズーを獲得した際，イ

ズーとその母親に世話になっている。イズーを獲得することができたのは、怪物の竜を倒した褒美としてであったが、トリスタンは竜を倒してその舌を証拠としてポケットに入れて持ち帰ろうとしていたところ、その途中で舌の毒がまわり沼のほとりに倒れていた。イズー母娘がトリスタンを見つけ、トリスタンこそが竜を倒した真の勇者だと確信し、家に連れ帰って風呂に入れ、毒を抜いて治癒させたのである。トマ版においても媚薬の効力がまったく否定されているわけではないが、期限について言及しないことによって媚薬のもつ物語的機能は著しく低くなっていると考えられる。

個人の自由意志の尊重は、恋する男女の内面を強調した、長いモノローグの多用による詳細な心理描写や、知性に訴える論理的な長い説明の多用に通じるトマ版の特徴ととらえることができよう。それは二人の愛を宮廷風恋愛として位置づけ、それにふさわしいものにしようとした結果であろう。ベルールにもみられた、ケルトの素材の中世化、宮廷風化という刷新をトマ版はより一段と強めているととらえることができる。

しかし（1）でみたように媚薬は、個人の意志ではどうにもならない力による二人の男女の結びつきというトリスタン伝承の根幹をなすモチーフだけに、その刷新にあたっては慎重に配慮していることが伺える。

ベルール版も含めフランス中世の『トリスタンとイズー物語』は、トリスタン伝説の伝統をフランス中世（12世紀）の聴衆／読者に受け入れてもらうために、種々の点で修正・刷

新し，適合させて生み出された新たな作品である。そのなかでも個人の意志と理性が強調されているトマ系統の版はその傾向がさらに顕著なものと言えよう。

２．『狐物語』の源泉と教訓性

（１）『狐物語』の源泉

　『狐物語』は 12 世紀後半から 13 世紀前半にかけてフランスで書かれたものである。異なる時期に異なる作者によって作られたおよそ 30 の「枝篇」と呼ばれる小話からなる。それらの枝篇のなかには，話の筋や題材など，フランスの作者の創作によると考えられるものもあるが（たとえば「ルナールと山猫ティベール」），多くはそれらに先立つ作品を素材として利用している。具体的には，『イセングリムス』，『エクバシス・カプティヴィ』（捕虜の脱走），『ディスキプリーナ・クレリカーリス』（知恵の教え）のようなラテン語作品やマリ・ド・フランスの『寓話集』（フランス語）などである。後者は古代のイソップの『寓話』の流れを汲むものである。「ルナールと雄鶏シャントクレール」，「ルナールと四十雀」，「ルナールと狼のエルサン」，「ルナールと魚屋」，「尻尾での魚取り」などの枝篇は『イセングリムス』にその源泉があり，「井戸に落ちたルナール」は『ディスキプリーナ・クレリカーリス』に，「ルナールと烏のティエスラン」はマリ・ド・フランスの『寓話集』がその源泉であると言うことができる。しかしそれはそれぞれの枝篇の骨格を成す主要なプロットについてのことであり，各枝篇に含まれるさまざまなエピソードや

フランス中世文学にみる伝統と刷新　115

モチーフは，複数の作品から借りてきたり，あるいは上に源泉としてあげた作品以外からもとられていると考えられる。さらに口承で伝えられていた民話なども参照されたに違いない。そういう意味では，上にいくつかの枝篇の源泉とみなされる作品をあげたが，『狐物語』の枝篇と源泉作品との対応関係は翻訳のような一対一の厳密なものではなく，一種の翻案と呼べるにしても，非常に広い意味での翻案である。

　一般的に言えることは，中世の『狐物語』の作者たちは，それ以前のさまざまな素材を当時のフランス社会に受け入れられるような形に料理し，独自の作品世界を作り上げているということである。先行作品のなかにみられるいくつかのモチーフや精神のなかには伝統と呼ぶことのできるようなものも指摘できるのではないだろうか，また『狐物語』の独自性のなかには，そのような伝統の刷新と呼べるようなものも含まれているのではないだろうか。このような視点から，ここでは『狐物語』第3枝篇「尻尾での魚取り」を取り上げ，その主たる源泉である『イセングリムス』を中心に，その他の先行作品も含めて比較し，『狐物語』の刷新の跡を明らかにしたい。

（2）『狐物語』第3枝篇と『イセングリムス』

　『狐物語』第3枝篇は次のような内容である。

　　狐のルナールと狼のイザングランの2人は養魚池に着く。時は冬の夜。水は凍っている。家畜に水を飲ませるために，村人があけた穴がひとつあいていた。その穴の傍には，彼

らが残していった桶があった。「あそこが魚がいっぱいいる所だよ。ほら,魚を取るのに必要な道具もある」と突然狐が叫ぶ。すると「その桶を俺の尻尾にしっかり結んでくれよ」とイザングランが勇んで応える。聞くが早いか,ルナールはただちに実行。かくしてイザングランは,穴の傍にしゃがみ,桶が結びつけられた尻尾を水に沈めて,魚が入るのを待つ。ルナールは「あごを両手で支え」,その光景を眺めている。朝になり,尻尾の周りの水が凍ってしまう。近くに住む郷士コンスタン・デ・グランシュが狩猟に出かける準備をしていて狼のイザングランを見つける。ルナールは逃げ出し,イザングランは吠えたける猟犬の群に囲まれる。コンスタンが剣を振り回してイザングランに襲いかかる。コンスタンは足元が滑り,氷上に転倒。ただちに起き上がり,怒りに燃えてもう一度振り下ろすが,手元が狂い,イザングランの尻尾をちょん切る。イザングランは尻尾をかたに,逃げ去る。騙され,殴られ,尻尾を切られたイザングランは,ルナールへの復讐を誓いながら,全速力で逃げていく。

一方,『イセングリムス』の該当部分のあらすじは以下のようなものである。

狼のイセングリムスは狐のレイナルドゥスから,「修道士になったのだから,肉は食べてはいけません。魚は修道院規則で許されているので食べてもいいのです。魚がたくさんいる養魚池を知っています」と言われ,「分かった。肉は諦める。その魚がいっぱいいる場所とやらに連れていってくれ。10年分くらいいっぱい採りたいよ」と頼む。夜になり2人は養魚池に向かう。池には氷がはっていた。しかし,穴が一

つあいていた。「その穴に尻尾を入れるだけでいいよ」とレイナルドゥス。「ひとつだけ言っておくが，鮭とかカワカマスのような大きな魚は避けて，うなぎやパーチのような小さい魚で我慢しなくちゃだめだよ。その方がいっぱい採れて，持って帰られるからね」イセングリムスは尻尾を穴に沈めて，レイナルドゥスの助言は無視して，好きなように漁をする。明け方レイナルドゥスは池の近くの村に行き，朝のミサをあげている最中の司祭の留守宅から鶏を盗む。村人たちは盗みに気が付き，司祭も信者も一緒にレイナルドゥスを追いかけてくるが，それはレイナルドゥスの計算どおり。レイナルドゥスはみんなをイセングリムスが魚取りをしている養魚池の方に誘導していく。レイナルドゥスはイセングリムスに向かって大声で叫ぶ。「伯父さん，ぐずぐずしてる場合じゃないよ。一緒に逃げよう」イセングリムスは「助けてくれ，魚が採れ過ぎて動けないんだ」と言う。レイナルドゥスは続ける，「今のは冗談だよ。本当のところを言えば，司祭さんと信者さんたちが手に十字架や聖遺物を持って，あんたの剃髪をきれいに整えようとして来てるんだ」と。そこへ村人たちが大声で叫びながらやって来たので，レイナルドゥスは急いで逃げ去る。みんなはイセングリムスを見つけて彼に襲いかかる。一人の百姓女アルドラダが斧を振り下ろしてイセングリムスに切り掛かるが，足元が滑って，尻尾をちょん切っただけで，氷上に転んで延びる。尻尾を切られたイセングリムスは，大急ぎで逃げ去る。

　両者を比較すると，物語を構成する大きな枠組みが共通していることが分かる。すなわち，

(i) 狼（イセングリムス，イザングラン）が狐（レイナルドゥ

ス，ルナール）の進言により，養魚池で尻尾での魚取りをする
 (ii) 夜の間に尻尾を入れた穴が氷結する
(iii) 朝，狐は逃げる。狼は逃げることができず，襲われる
(iv) 狼に襲いかかった者が凍った氷上で足元が滑り転倒
 (v) 狼を斬り殺すことには失敗し，尻尾だけを切る
(vi) 狼は殺されるという難は逃れるが，尻尾を失って逃げる

などの点である。このことから『狐物語』第3枝篇の作者は『イセングリムス』から着想を得たと言えよう。

(3) 民話類型における 2 作品の位置づけ

　しかし両者を詳細に比較すれば，種々の相違点も指摘できる。その前にこの物語の民話のモチーフ類型のなかにおける位置づけをみておくことにする。

　この物語の最後，狼が尻尾を失うという点に着目すると，人々が種々の動物を比べた結果，熊や兎のように尾の短い動物がいるので，なぜこれらの動物の尾は短いのかを説明するために生み出された，動物に関係する物語のひとつと位置づけられる。したがって，最初は熊や兎のように尾の短い動物を主題にしたものであったが，尻尾を失うというモチーフが独立して，狼のような尾の長い他の動物をも対象にして類話が作られていったもののようである。

　また，ある種の動物が魚をとる行為が観察され，そのことをテーマにした物語もいくつか生み出された。『イセングリムス』や『狐物語』第3枝篇の物語は，これら2つの主要モチーフが合体されたものと言える。

『イセングリムス』と『狐物語』第3枝篇に共通してみられる特徴と，上でみた民話伝承のモチーフとを比較すると，いくつかの相違点が見出される。まず，主要登場人物（正確には登場動物というべきかも知れないが，ここでは物語のなかである役割を担わされているもの，という意味で「登場人物」という語を用いる。したがって，その数を問題にする場合も，1人，2人とする）の数が，初期の民話では1人であるのに対し，当該2作品では2人となっている。初期の民話では，たとえば熊が自分で魚をとろうと尻尾を池に沈め，それが氷結し，動けなくなり，むりやり引っ張って尻尾がちぎれてしまったというような類話があるのに対し，2作品では，尻尾を失うきっかけとなる氷結する池に尾を入れるのは，悪知恵をはたらかす別の人物の誘導によるとしている。すなわち，だます人とだまされる人の2人のかけ合いという構図になっているのである。もちろん民話の中にも，そのような構図のものもある。なかには尾に籠をつけ，相手の動物がその中に石をいっぱい入れたので，魚取りをしている動物が動けなくなる，としている類話もある。これは川や池が氷結しない南の温暖な気候の地域のものである。

　次に，魚取りをすることになる動機であるが，ある民話では腹をすかせた主人公が魚取りを始めているが，当該2作品では狐（レイナルドゥス，ルナール）が狼（イセングリムス，イザングラン）に，修道院では肉食が禁じられているが魚を食べることは許されているのだと言って，魚取りへといざなう。『狐物語』第3枝篇はそれに先行するいくつかのエピ

ソードの続きになっているが、その先行エピソードの流れというのは次のようなものである。狐のルナールが道のまん中で死んだふりをして、魚をいっぱい積んだ荷車をひく魚商人に拾い上げられ、その荷車の上で積み荷の魚を腹いっぱい食べた後、家で待つ家族への土産としてうなぎを持って帰る。（第3枝篇の①）ルナールの家から流れてくるうなぎの匂いに誘われイザングランがやって来て、自分にも分けてくれと頼む。ルナールはイザングランの食欲をそそるため一切れだけやり、もっと欲しかったら、ここは修道院なので、誓いをたてて修道士にならないとだめだと言う。イザングランは何が何でもうなぎが食べたいので、それを受け入れ、剃髪してもらうために頭をルナールの方に差し出す。その頭へルナールは熱湯をぶっかけ大やけどをおわせておいて、立派な大きな剃髪ができたと言う。（第3枝篇の②）「尻尾での魚取り」のエピソード（第3枝篇の③）はこの後に位置するので、修道院規則での肉食禁止が持ち出されているのである。

　中世ヨーロッパにかぎらないが、人々の生活において、食べることは最大の関心事と言ってもいいくらいなので、『狐物語』のなかでも多くの枝篇でとりあげられており、しばしば物語開始のきっかけとなっている。すなわち物語の冒頭が、腹をすかせたルナールが食べ物を求めて家（巣穴）を出る場面から始まっている枝篇も多い。『イセングリムス』の冒頭も次のようになっている。

　　ある朝、狼のイセングリムスが自分と子供たちのための
　　食べ物を探しに森を出たところ、ちょうど同じように食べ

物を探して向こうから駆けてきた狐のレイナルドゥスと出くわしました。(I, 1-4 行)

　キリスト教社会にあって，修道士の生活は理想的な信仰生活の模範として示されることが多かった。その修道士の生活の基本は貞潔，清貧，従順，である。これらはすなわち本能的な欲望の抑制である。したがって食欲に対して修道士だけでなく一般の信者にも，1 年のうちのある期間（四旬節など），1 週間のある 1 日（金曜日）だけでもと，さまざまな抑制，特に肉食の抑制が勧められた。アジアのような農業主体の民族ではなく，肉食が日常のヨーロッパの人々にとっては，その肉食の禁止は大きな関心事であったであろう。民話において動物による魚取りというモチーフは，キリスト教が知られる以前からあったであろうが，中世の『イセングリムス』や『狐物語』において，登場人物たちが魚取りを始めるきっかけとして，修道院規則における肉食禁止と魚の許容がその理由付けとして用いられているということは，物語の文化的背景として注目されてよかろう。キリスト教社会に受け入れられやすいように適合させた一種の中世化ととらえることができる。

(4)『イセングリムス』と『狐物語』との相違

　文学作品を比較する場合，話の筋や個々の表現などの微視的比較も重要であるが，それぞれの作品がかもし出している全体的雰囲気など巨視的比較も重要である。

(a)『イセングリムス』の知的雰囲気

『イセングリムス』が『狐物語』の源泉であるという場合，それは書かれたテクストとしての源泉である。その『イセングリムス』はラテン語で書かれていて，ラテン語の分かる人を想定した，いわば知識人（インテリ）版 (tradition savante) と言える。民衆が理解できるフランス語で書かれている『狐物語』も，作者は知識階級に属する人であり，そのテクストのなかにも作者の古典や修辞学の素養を伺わせる表現も見出される。しかし『狐物語』の作者の視点はあくまでも民衆のものであり，『狐物語』が町民文学 littérature bourgeoise と言われるゆえんである。『イセングリムス』の知識人版的特徴は，その言い回しにおいて随所に表れている。たとえば，レイナルドゥスがイセングリムスに魚取りを勧めた際，鮭とかカワカマスのような大きな魚は避けて，うなぎやパーチのような小さい魚で我慢するようにと忠告する。その忠告をイセングリムスは無視するのであるが，その場面は次のように描写されている。

> 「忠告などは無用。その忠告はお前さんのためにとっておきな。わしはわしの流儀でやるよ。この白髪の頭にかけて言うが，わしは森の小道の隅々まで知っているのと同様に，川の流れも隅々まで知っているんだ。だからあのヨナも，今まで仇をとってくれる者が見つからないと思っていたのは，このわしが川じゅうをかっさらう準備をしていなかったからだけだったと分かるだろう。クジラの代わりにイルカで，ターボットの代わりに小さな蟹で満足しろだって？親父はそんなことはしなかったし，わしにそうしろとも言わなかっ

たぜ。口に入れるものが小さければ小さいだけ,寂しくわしの喉を通っていく。小さな食べ物は悪魔からの贈り物,大きなご馳走は神様からの贈り物。わしの歯がいきなりがつんと骨に当たるとは何と不幸なこと。わしの歯を食べ物にたっぷり埋め込む方がよほどいい。わしに言わせれば,わが口内が何にも邪魔されないで長い時間噛んでいることができるほど,神様が褒め讃えられることはない。貧乏人は少しのもので満足するが,金持ちのこのわしは多くのものを手に入れる。神様は貧乏人のことはあまり気にかけず,あらゆる財宝を金持ちのために用意し,金持ちに与えるのだ。金持ちはご馳走がどれほど美味しいかということを知っているが,貧乏人は知りはしない。金持ちはご馳走が何であるかを知り,知ればそれを欲し,欲すればそれを求めるのだ。求めればそれを見つけて手に入れる。ひとたび手に入れれば,すぐにそれを食べるか,あるいは地位や家柄,時と場所を考えて,後のためにとっておく。金持ちは集め,また散財する。彼は尊敬され,賞賛され,愛される。近隣の者にも遠くの者にも評判で,気に入られている。美味しいものの味を知らない者,それを求めない者こそ哀れかな。そのような者は人から尊敬されることもなく,美味しいものも知らないままでいるがいい。そのような者を愛する人などありませんように。憎むにも價しない。だからわしはわしの気に入るやり方で魚を取るわい。欲張りと神は似たところがある。欲張りはすべてを欲しがるが,神もすべてを所有しすべてを与える。」(I, 687-716 行)

　レイナルドゥスの忠告に対し聞く耳を持たないというだけのために,これだけの長さの発話がなされているのである。

魚を取る話なので，旧約聖書のヨナを持ち出しているだけでなく，自分が手にしようとするもの（大きい魚）は神からの贈り物，欲しくないもの（小さな魚）は悪魔からの贈り物として，自分の判断の正しさを極端に強調している。悪魔と神が対比されれば，誰の目にも黒白は明白である。また，小さい魚の食べごたえのなさと大きい魚の食べごたえとを，口の中での咀嚼の難易で表わそうとし，歯が食べ物を噛み砕く様子，歯が食べ物に食い込んでいく時間の長短で表現している。そして最後に，貧乏人と金持ちの違いを述べ，単なる個人的レベルの欲望ではなく，社会的身分による考え方や価値判断の相違へと導いている。まさに弁舌のための弁舌であり，笑いを誘うための仕掛けである。

　技巧をこらした表現には，次のようなものもある。明け方尾が凍りついてイセングリムスが動けなくなったとき，レイナルドゥスは司祭の鶏を盗み，追いかける村人たちをイセングリムスの方に誘導し，イセングリムスに，何をぐずぐずしている，さっさと逃げようと言う。それに対しイセングリムスは逃げようと思っても動けないんだと応えるが，そのときの会話は次のように表現されている。

　「なぜ，1月と3月の間にはさまった2月みたいに，いつまでもそこでじっとしてるんだ…」「尻のあたりに全スコットランドがぶら下がっているんだ。10回以上立ち上がろうとしたんだが，一歩も動けやしない。まるで不動のアルプ

ス山脈みたいに釘付けされちまってるんだ」(I, 885-892行)

　これらはほんの一例であるが,『イセングリムス』は言葉遣い,語彙,言い回しが初めから終りまでほぼこのような調子であり,知識人版と位置づけることができるのもうなずけよう。中世の田舎の生活が即物的にリアルに描かれている『狐物語』との大きな相違点である。

　『イセングリムス』では登場人物による会話が多用されており,しかも先に引用したレイナルドゥスの助言を無視するイセングリムスの発言にみられるような,非常に長い発話が多くみられ,作品の大きな特徴の一つとなっている。そのなかには実在の修道院や修道士を想起させるようなものもあり,諷刺的色彩を帯びている。

　また,物語の進行に直接関係のない脱線とも言えるような描写も少なくない。尻尾が氷に閉じ込められ動けなくなっているイセングリムス目がけて打ちかかるのは『イセングリムス』ではアルドラダという名前の百姓女であるが,彼女は斧を振り下ろす前に聖人たちの名前を長々と列挙する。リュシアン・フーレは斧の打撃の前にイセングリムスが受ける「長広舌の打撃」と呼んでいる。その際アルドラダは聖女ファライルディスの名前も出し,洗礼者ヨハネに恋をした娘に怒った父王ヘロデがヨハネの斬首を命じ,悲嘆にくれた乙女が首をもらい受けて口づけしようとする,というエピソードが24行 (II, 71-94行) にわたって挿入されている。エピソードの末尾で,「現在はファライルディスと呼ばれているが,以前

はヘロディアスという名前で知られていた彼女は踊りの名人で，後にも先にも並ぶものがない」(II, 93-94 行) と書かれているように，これはサロメ伝承の一つである。大藪敦子によれば，ヘロディアスやサロメが文学作品の中で言及されたのは，1150 年頃に書かれたこの『イセングリムス』が最初だということである。ちなみに『イセングリムス』の作者ニヴァルドゥス Nivardus はフランドル地方ガン（ヘント）の聖女ファライルディス教会の指導司教座参事員であったと言われている。

(b) 『狐物語』のレアリスム

このように，知識人版とも呼べる『イセングリムス』には修道士社会の色彩が色濃く反映されており，同時に諷刺的性格が否めない。それに対し，『狐物語』では当時の民衆の生活の光景がリアルに描かれている。その際，現実の生活場面として不自然と思われるようなことをできるだけ排除したと思われる。

『イセングリムス』で二人が一面凍った養魚池に着いたとき，レイナルドゥスは最近氷を割って作られた穴を見つけ，イセングリムスにそこで魚を取るために尻尾をその穴に入れて魚が来るのを待つように勧める。それに対し『狐物語』では，「(その穴の) そばには桶 (seel) が一つ置いてありました」とあり，ルナールが「… なんでも取れる道具 (engin) までありますよ」と言えば，イザングランは「ルナール殿，お願いだからその道具の端をもって，俺の尻尾にしっかり結

びつけておくれ」と頼む。そこでルナールがその桶をイザングランの尻尾にしっかりと結びつけるのである。すなわち,『イセングリムス』にはみられなかった「桶」が魚を取る道具として導入されている。『狐物語』の作者は,尻尾を水の中につけるだけで魚を取るのは無理だと考え,その不自然さを解消するために桶を導入したのであろう。穴のそばに桶が置いてあることは不自然ではない。そもそも凍った池に,氷を割って穴があけられているのは,その穴から水を汲み上げるためだからである。『狐物語』のこの場面に「ひも」とか「綱」という語は用いられていないが,lacier「ひもを結ぶ」と nouer「(ひもなどを結んで)結び目(こぶ)をつくる」という動詞が用いられているので,その桶にはひもか綱のようなものがついていると思われる。「その上で輪になって踊れるほど」「池はすっかり凍りついて」いたとあるので,氷の厚さもかなりあると考えれば,桶で水を汲み上げるのに桶に綱がつけられていたと聴衆／読者には自然に受け取られたであろう。

　『イセングリムス』との比較において,桶という小道具の導入は『狐物語』の大きな特徴であるが,それは『狐物語』の作者が『イセングリムス』の筋立てを利用しながらも,それを13世紀フランスの地方の生活のありのままの状況のなかに移したいという真実らしさ尊重の精神の表れと考えることができよう。

　尻尾が氷に閉じ込められ動けなくなっているイザングラン(イセングリムス)が発見されるきっかけ,およびイザング

ラン（イセングリムス）に襲いかかり尻尾をちょん切る人物が、『イセングリムス』と『狐物語』とで大きく異なっている。『イセングリムス』ではイセングリムスを襲う集団は朝のミサに集まっていた村人たちであり、彼らは手に手に燭台、十字架、聖遺物函などを持ってイセングリムスに襲いかかる。彼らは、ミサに出かけた司祭の留守宅から鶏を盗んで逃げていくレイナルドゥスを追いかけていてイセングリムスを見つけるのであるが、それはレイナルドゥスがうまく彼らをイセングリムスが動けなくなっている方に誘導したのであった。村人の集団に前後左右から殴りかかられながらもイセングリムスはよくもちこたえていたので、村人たちが一息入れて態勢を立て直そうとしていたところ、一人の女が進み出た。この女は司祭の妻（司祭の妻帯は珍しくなかった）かどうかは明示されていないが、アルドラダという固有名詞で呼ばれている。彼女は両手で斧を振り上げてイセングリムスに切りかかる。

　一方『狐物語』でイザングランを見つけるのは、養魚池の近くに住む郷士のコスタン（他の版ではマルタン）・デ・グランシュの一行である。彼らは早朝から、狩り（騎士の行う騎馬狩猟）に出かけようとしていたのであり、多くの猟犬を連れていたので、最初にイザングランに襲いかかるのは猟犬たちである。そこにコスタンが馬から降りて剣を抜いて斬りかかるのである。ルナールは、コスタン一行が狩りに出かける準備のために角笛を鳴らしたり、猟犬を呼び集めている騒ぎを聞いて一目散に逃げていったが、イザングランは身動き

できず逃げ出せないという設定である。

『イセングリムス』,『狐物語』とも，当時の現実生活の一場面が描かれているとも言えるが,『イセングリムス』では，修道院規則による肉食禁止，魚の許容から始まり，あくまでも教会や聖職者をからめ，キリスト教世界内の物語に徹していると言える。イセングリムス自身が聖職者という役回りであるし，アルドラダが斧で打ちかかる前に聖人の名前やエピソードを長々と唱える言葉による攻撃は先にみたとおりである。そのような聖職者色を排除している点は『狐物語』の特徴として指摘できるであろう。

(5)『狐物語』における伝統の刷新

『狐物語』では，狐のルナールが狼のイザングランをことば巧みにだますことに重点が置かれている。ルナールは凍った池にあいている穴を見つけ，イザングランに呼びかける。「こっちに来てごらんなさいよ。魚がいっぱいいますよ。それに鰻だって鯉だって，他のおいしそうな魚だって。なんでも取れる道具までありますよ」イザングランに頼まれて，彼の尻尾に桶をしっかり結びつけてやった後言う,「魚が寄ってくるように，そのままじっとしてないと駄目だよ」と。そうしてイザングランの尻尾がしっかり氷に閉じ込められたとみると,「さあ，魚もいっぱいとれたようだし，この辺で切り上げてそろそろ引き上げるとしましょうか」と言う。イザングランはルナールの悪だくみには気づいておらず,「こりゃとれすぎだよ，ルナール，一体どれだけとれたか分からないや」

と応える。するとルナールは「欲張り過ぎは損の元（すべてを手に入れようとするものはすべてを失う）」という諺を引用してとどめをさすのである。このような会話をとおしてルナールの悪知恵とだまされるイザングランの愚かさが強調されている。

　会話だけでなく行動によっても，悪だくみに長けたルナールの姿が生き生きと描かれている。桶を尻尾に結びつけてもらったイザングランが，ルナールに言われたとおりじっとしていると，ルナールは「近くの藪に身をひそめ，両足の上にあごを乗せて成り行きはいかにと眺めて」いるのである。また，イザングランが「こりゃとれすぎだよ」と言ったときには「笑い出して」先の諺を発するのである。

　このように，だますルナールとだまされるイザングランの対比がルナールとイザングランの会話や両者の行動をとおして強調され，もっぱら笑いを誘うようにと工夫されている。「欲張り過ぎは損の元」というのも教訓としてではなく，農民の間に膾炙していた諺を引用しただけであり，しかもだまされた相手を揶揄嘲笑する，いわばことばによる攻撃として利用されているにすぎない。教訓を主眼としたものでないことは，この枝篇の最後でイザングランは教訓を学びとって反省するどころか，「ルナールの奴，覚えていろ，今度会ったが百年目，たっぷり仕返ししてやる」と心に誓っていることからも明らかである。

　教訓性を排除して，だます者とだまされる者を強調しながら，そのだまし方，だまされ方を生き生きと描いていること，

『イセングリムス』のようなキリスト教的な社会背景を排除し，当時の田舎の日常生活をリアルに描き，もっぱら笑いを生み出すことをめざしている点は，尻尾での魚釣りをテーマとした動物物語の伝統の，『狐物語』における一種の刷新ととらえることもできるのではなかろうか。

参考文献

新倉俊一ほか訳『フランス中世文学集 1』白水社，1990.
佐藤輝夫『トリスタン伝説』中央公論，1981.
ベディエ編，佐藤輝夫訳『トリスタン・イズー物語』岩波文庫，1953.
鈴木覺，福本直之，原野昇訳『狐物語』岩波文庫，2002.
鈴木覺，福本直之，原野昇訳『狐物語』白水社，1994.
鈴木覺，福本直之，原野昇訳『狐物語 2』渓水社，2003.
M・カズナーヴ著，中山真彦訳『愛の原型―トリスタン伝説』新潮社，1972.
J・ブムケ著，平尾浩三他訳『中世の騎士文化』白水社，1995.
D・ルージュモン著，鈴木健郎・川村克己訳『愛について』岩波書店，1959.
阿部謹也『西洋中世の男と女』筑摩書房，1991.
阿部謹也『西洋中世の愛と人格』朝日新聞社，1992.

大鐘敦子『サロメのダンスの起源』慶應大学出版会, 2008.

新倉俊一『フランス中世断章―愛の誕生―』岩波書店, 1993.

原野昇他『狐物語の世界』東京書籍, 1988.

原野昇, 木俣元一『芸術のトポス』岩波書店, 2009.

水野尚『恋愛の誕生―１２世紀フランス文学散歩』京都大学学術出版会, 2006.

Ernest Muret (éd.), Béroul, *Le Roman de Tristan*, Champion (CFMA), 1947.

Bartina H. Wind, Thomas, *Les Fragments du Roman de Trsitan*, Droz (TLF), 1960.

Félix Lecoy (éd.), *Le Roman de Tristan par Thomas*, Champion (CFMA), 1991.

Félix Lecoy (éd.), *Les deux poèmes de La Folie Tristan*, Champion (CFMA), 1994.

Joseph Bédier, *Le Roman de Tristan et Iseult*, Piazza, 1922.

Christiane Marchello-Nizia & al., *Tristan et Yseut*, Gallimard (Pléiade), 1995.

Jean-Charles Payen (éd.), *Les Trsitan en vers*, Garnier, 1974.

Naoyuki Fukumoto, Noboru Harano & Satoru Suzuki (éd.), *Le Roman de Renart, édité d'après les manuscrits C et M*, Tokyo (France-Tosho), 2 vols, 1983, 1985.

Elisabeth Charbonnier (trad.), *Le Roman d'Ysengrin*, Paris (Belles Lettres), 1991.

Jill Mann, *Ysengrimus*, Leiden (Brill), 1987.

Reto R. Bezzola, *Le sens d'aventure et de l'amour (Chrétien de Troyes)*, Champion, 1968.

John F. Flinn, *Le Roman de Renart dans la littérature française et dans les littératures étrangères au Moyen Age*, Paris (P.U.F.), 1963.

Lucien Foulet, *Le Roman de Renard*, Paris (Champion), 1968.

Jean Frappier, *Amour courtois et Table ronde*, Droz, 1973.

Jean R. Scheidegger, *Le Roman de Renart, ou le texte de la dérision*, Droz, 1989.

Léopold Sudre, *Les sources du Roman de Renart*, 1892, rep. Slatkine, 1974.

「トパス卿の話」に見る伝統と刷新

— ロマンスの言語の解体と創造 —

中 尾 佳 行

はじめに

　「トパス卿の話」は,『カンタベリー物語』でチョーサー自身が語る当時流布していたロマンスの話である。当代の世俗的な作品では最も伝統的なジャンルである。チョーサーは, その伝統的な枠組み（テーマ, 表現など）を聴衆に強く想定させる一方で, それを独自の文脈に溶け込ませ, 一つのイノヴエーションへと変容させている。表層的には, チョーサーはへぼ詩人のレッテルが貼られ, 物語は途中やめとなる。チョーサーは, 今度は当代流行していたもう一つのジャンル, 説教集を取り上げ, 話し続けている。

　『カンタベリー物語』は総数で24の話があるが, それらは(多くの刊本のセットテクストとなる Ellesmere 写本では)10の断片 (Fragment) の中に位置付けられている。断片 VII では, 物語のジャンル, 文学伝統の問題がハイライトされている。7つの話があるが,「船長の話」はファブリオ,「尼僧院長の話」は殉教伝,「トパス卿の話」はロマンス,「メリベーの話」は説教集,「修道僧の話」は悲劇,「尼僧付きの僧の話」は

動物寓話である。チョーサーが語る2作品は, ジャンルの特徴そのものが互いに引き立たされている。

本稿では「トパス卿の話」からロマンスの言語を取り上げ, それをチョーサーが解体し, かくしていかに新たな価値を構築したか, その一端を明らかにしたい。

1. 中世後期のロマンス ―伝統とそのパタン―
(1) ロマンスの特徴

フュースター (1987) が言うように, 中世のロマンス作品では, 類型化したテーマや表現が繰り返し使われている。ここでは作品をある作品をモデルに書き直し, 創出するといった方法, 間テクスト性 (intertextuality) が必然的である。作家は自分の独自性を出すためには, 引き継いだものを新たな文脈に適用し, 何らかの変容を実現せねばならない。類型は,「型」であり, 人間を善玉であれ悪玉であれ, 一定のフレームにはめてしまうが, 類型からの脱却は,「型」には当てはまらない個別的な特徴を導いてもいる。ロマンスにおいては騎士の冒険と恋が常套的テーマだが, チョーサーが執筆した14世紀後半の社会では, 騎士道理念は既にノスタルジアになりつつあった。勇気, 忠義を文字通りには達成できない生身の人間の姿が注目を帯びてきている。同類の表現が継承されているとしても, それは新たな文脈で評価しないといけないのである。

(2) チョーサーのロマンスと「トパス卿の話」

チョーサーは, 次のようなロマンス作品を書いている。

「バースの女房の話」(ブリテンもの),「法律家の話」と「学僧の話」(ノンサイクルもの),「郷士の話」(ブレトン・レイ),「騎士物語」と「トロイラスとクリセイデ」(宮廷恋愛)。ロマンスの庶民版としてのファブリオには「粉屋の話」,「荘園管理人の話」,「貿易商人の話」,「船長の話」がある。

　「トパス卿の話」は，ロマンスの話とするか，ロマンスとは何かについてその書き方を書いた作品(metanarrative)とするか，その境界は微妙である。巡礼者の一人，語り手チョーサーは，表層上伝統的なロマンスをできるだけ踏襲しようとするが，ことごとく伝統を逸脱している。伝統の逸脱は，聴衆(宿屋の主人)からみればへぼ詩人の駄作と写るが，それは単なる伝統の踏み外しではなく新しい人間像の構築に向かっている。新しい人間像は，例えば，騎士が怪獣と戦う勇敢さではなく，戦いたくない怖さ，臆病さ，といった人間の生身の反応に見られる。

「トパス卿の話」の梗概

　戦いや馬上槍試合で立派なトパス卿の話をしよう。遠くの国，フランダース生まれ，父は立派な人でその国の大名。トパス卿は勇気ある若い紳士，パンのように顔が白く，唇はバラのように赤く…ある日トパス卿は馬にのり，長い剣を持ってでかける。トパス卿は愛にのめり込んでおり，気が触れたように拍車で馬を蹴る。夢で妖精の女王が自分の恋人になると知る。山越え谷越え女王を求めて…巨大な怪物，オリファントにでくわす。トパス卿は言う。このやりでお前は痛い目にあうと思うよ。できればお前の腹を突き刺したいんだが。トパス卿は三つの頭を持つ怪物と戦わねばならぬ。酒宴を催

し，白い肌の上に繊細なリネンをはおり … よろいはユリの花のごとく真っ白。それを着て戦おう（口で戦おう）と思っているのだ。彼はビールとパンにかけて誓う。怪物は退治されねばならぬのだ。彼が乗った馬はまだらの灰色で，ゆっくりそっと心地よく出ていく。みなさん聞いてください。戦いと騎士道，そして貴婦人の愛を。トパス卿は王位を得るにふさわしい騎士道の華。彼は馬に乗りすべるように出て行く。冒険好きの騎士。泉の水を飲み，鎧をまとって立派で，ある日のこと …

（ここで宿の主人によって「もういい」と中断させられる）

2.「トパス卿の話」を見る視点 —二重プリズム構造の設定—

チョーサーはロマンスで伝統的に使われてきた表現を多用し，定番の愛と冒険に奮闘する騎士，トパス卿を描いている。しかしこの表現には多くの隙間が用意されている。表現の意味は，聞き手がこの間を個人の感覚で読み解き，埋めていくことで，つまり両者の相互作用を通して始めて成立するのである。この隙間は読者に対して複層的な解釈を許し，表現は思わぬ曖昧性と複雑性を獲得する（斎藤2000を参照）。本論ではこのようなチョーサーの表現の意味成立のプロセスに鑑み，話し手の視点である第一プリズムに対し同等に重要なものとして聞き手の視点である第二プリズムを設定した。両者は意味交渉を通して重なりあう可能性もあるし，他方，話し手の意図もしない意味を第二プリズムの聞き手が読み込む可能性もある。表現は両プリズムの靭帯，現象は話し手が取り上げる題材，最後の想定された現象は聞き手の読み取りの結果である。このような表現の意味の生起過程を二重プリズ

ム構造として設定した。それは以下のように図式化できる。

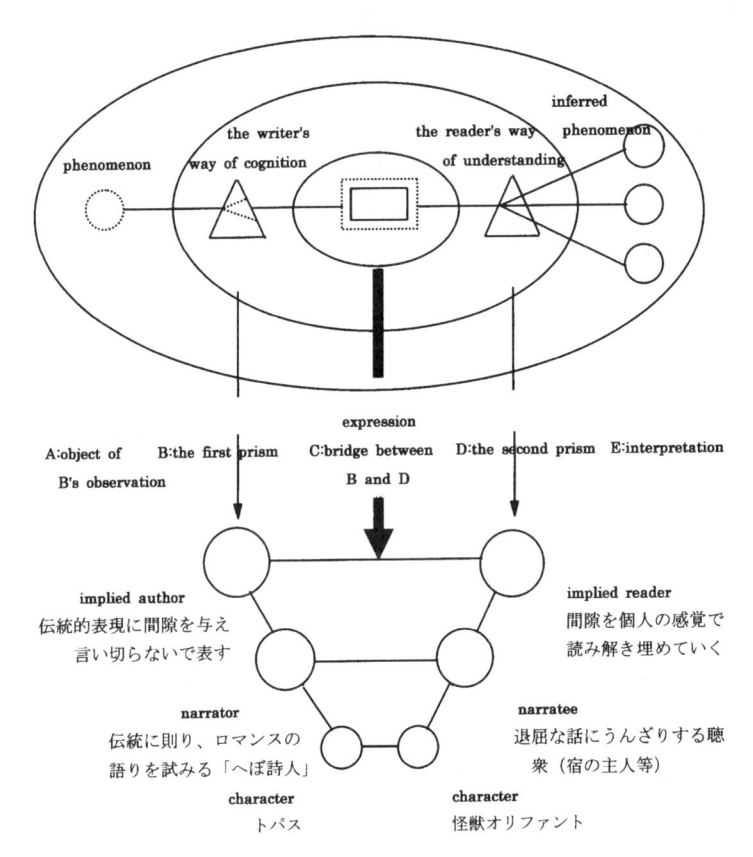

```
                    the writer's         the reader's way      inferred
    phenomenon      way of cognition     of understanding      phenomenon
```

```
                        expression
A:object of   B:the first prism   C:bridge between   D:the second prism   E:interpretation
B's observation                        B and D
```

implied author
伝統的表現に間隙を与え
言い切らないで表す

implied reader
間隙を個人の感覚で
読み解き埋めていく

narrator
伝統に則り、ロマンスの
語りを試みる「へぼ詩人」

narratee
退屈な話にうんざりする聴
衆（宿の主人等）

character
トパス

character
怪獣オリファント

　ハリデイ (2004) の機能論に即して言えば，一番内側の円は作品テクスト (text)，真ん中の円は話し手と聞き手のコミュニケーションを成立させる場の文脈 (context of situation)，外側の円は伝統や歴史を包み込む文化の文脈 (context of culture) である。

Notes:
(1) The broken lines indicate that the second prism, the reader cannot easily determine one stance or value. A phenomenon is susceptible to multivalence when allowing for different views of a single prism or between the two prisms. How the first prism, the writer views the phenomenon is not always textually explicit, but only suggestive, which calls for the reader's inference. An expression can semantically be easily determined, but involved in complex pragmatic contexts, it may be open to varying interpretations. Furthermore the real state of Chaucer's language, only existent through scribes, is open to discussion. On the other hand, why I used solid lines for the reader's stance and his interpretation is that the communicative value of the expression is finally realised by them and that to the extent of their realisation they can be described, although his justification for them may depend on his assumption or inference.
(2) Two broken lines in B and three solid lines in D indicate that they are not necessarily the same.
(3) E assumes two cases: interpretation divided 'within one reader' and 'between readers'.

3．ロマンスの構成要因と分析の視点

　第二プリズム構造のテクストは下記のように下位構造化される。

(1) マクロ構造

a. 主題・モチーフ ―騎士の恋と冒険―
　　　名誉，勇気の賛美，忠誠，礼節，礼儀
　　　領主や王の戦争
　　　追放，流浪，恋愛
　　　心の内面，友情，個人の生活，家庭のこと
　　　　　　　（大槻博. 1988.『英国中世ロマンス』旺史社参照。）

b. 筋 ―空間的, 時間的, 心理的に大きく広がるスケールで展開―
　　昔昔あるところに勇敢な騎士がいました。騎士はあるお姫様を愛しました。その愛を達成するために遠く冒険の旅に出ました。数々の名誉をあげ, ついにお姫様の意を得ました。

c. 人物 ―騎士の勇気と優しさ, 騎士の愛と冒険を促す女性―

(2) ミクロ構造 ―結束性（文と文を結び付ける談話構成）―

　指示性, 置換, 省略, 接続, 語彙反復

(3) 言語構造

a. 語（語彙集合からの選択）
　　騎士の勇敢さ（武具, 馬乗り, 戦いなど）を表す語彙
　　奥方の美しさを表す語彙
b. 統語
　　騎士の行為を表す統語表現（法助動詞など）
c. 意味
　　語の多義性, イディオムの意味など
d. レジスター（どんな場面で誰のために使われるのか）― 社会言語学的な観察 ―
　　騎士に対して女性に使われる表現を適用（misapplication）
e. 韻律
　　「トパス卿の話」8音節 ――（理論的には）スピーディな展開（句跨り(enjambement)の効果）
　　tail-rhyme stanza（aab）の使用 ―脚韻 b や bob の効果

4.「トパス卿の話」のマクロ構造

(1) 主題・モチーフ

　トパス卿の恋と冒険が主題で, その叙述が試みられるが, その具体的な発展・深化が意図的に阻害されている。

（2）筋

トパス卿の恋と冒険は，空間的かつ心理的に大きなスケールで展開すると想定されるが，その両面において徹頭徹尾小さく枠付けられ，つまり，身近な場所で物語は進行し，行動が遅々として進まず，最終的には聴衆の中断にあって雨散霧散している。

（3）人物

トパス卿は筋骨隆々とした勇者であると想定されるが，女か子どものようで，戦うことが怖く先延ばしにし，戦いは戦いでも口論に留まる。恋も夢で見た段階に留まり，全く現実化しない。人物の力量は，ロマンスのそれとは裏腹に，できる限りに小さく設定されている。

5.「トパス卿の話」のミクロ構造 ──結束性──

Yborn he was **in fer contree**,
In Flaundres, al biyonde the see
At Poperyng, in the place.　　VII 719-21 (ボールドは筆者)

（この御仁は遠国の産，海を越えたフランドルの国のポペリングなる町の荘園にてご出生とはなりました。）

（チョーサーテクスト及び作品の略記名はベンソン (1987) による。チョーサー『カンタベリー物語』の日本語訳は，桝井 (1995) による。）

「遠い国」(in fer contre) と言って壮大なスケールを想定させ，すぐさま「フランドル」，「すぐ海を越えたところ」，「ポペリング」と身近で馴染みのある地域，対岸の地域を取り上げている。カンタベリー大聖堂への巡礼で同行している

騎士のように，ロシアやスペインまで聖戦参加をしてはいないのである。

> His fader was a man ful free,
> And lord he was of **that** contree,
> As it was Goddes grace.　　　VII 722-4
> 　　　　that -> Flaundres (719), Poperyng (720)
> (かの父上の君はいとも気高く，その国の主君なりし人。これは神の恩寵と申してよろしいかと存じます。)

トパス卿の血統のよさを褒め称えてはいるが，彼の父君は隣国である「その国」の主君である。身近な設定で，しかもそれを「神の恩寵」に帰すのは拍子抜け (anticlimax) である。

> Me dremed al this nyght, pardee,
> **An elf-queene** shal my lemman be
> And slepe under my goore.
> "**An elf-queene wol I love**, ywis,
> For in this world no womman is
> Worthy to be my make
> 　　　　　　In towne;
> Alle othere wommen I forsake,
> And to **an elf-queene** I me take
> By dale and eek by downe!"
> Into his sadel he clamb anon,
> And priketh over stile and stoon
> **An elf-queene** for t'espye,　　VII 787-99
> (わたしはこの一晩中夢を見てたんです，本当に。妖精の女王が恋人で，わたしの衣服の下で眠っているという夢なんです。妖精の妃をわたしは本当に愛します。だって，この世の中でわたしの連れ合いにふさわしい女は一人としておりませ

ん，町中を探しても。他の女は皆捨てます。そして妖精の女王のところに参ります。野越え谷越え参ります！馬の鞍へとすぐにもよじ登って，柵越え石越え，馬を激しく乗りまわします。ただひたすらに妖精の女王を探すため。）

トパス卿が夢の中で見た恋人は，以後具体的に肉付けられ，トパス卿と恋人との間で人間関係が進展すると想定されるが，an elf-queene の繰り返しに見るように，それが定冠詞になり，また固有名詞化される，といった展開はない。因みに，ロマンス 'Thomas of Elceldoune'（「トパス卿の話」の類話の一つ）は，a lady gaye (35-6) -> Hir parfraye was dapill graye. (41) -> þat faire lady hir selfe scho schone (47-9) のように，不定冠詞から代名詞，代名詞から指示詞へと，具体的に規定され，ヒロインのイメージが具現されている。

6.「トパス卿の話」の言語構造

(1) 語

a. コロケーション

sir Thopas

ラテン語 dominus は，騎士に限ったわけではなく僧侶にも商人にも使われた。この語に当たる英語版が sir である。チョーサーで騎士の名前に sir が付けられるのはトパス卿のみである。『トロイラスとクリセイデ』でトロイラスは繰り返し用いられているが，一度も sir Troilus は使われてはいない。『騎士物語』の主人公 Palamon と Arcite についても同様である。

因みに，トパスは宝石の名前でもある。チョーサーは最も騎士らしくない人物に技とこの sir の敬称を付した可能性がある。

b. 語の置換

stile and stoon (798)

「踏み越し」(stile) は，人工物であり日常的な使用物である。頭韻句をなしているが，伝統的には 'stike and stone' や 'stille as stoon' 等が使われ，野性的で自然な木の株 (stikke) が選択される。ロマンスでは騎士の活動範囲は，自然界を渉猟するように幅広く設定されるが，トパス卿は日常世界に留まり，生活臭の漂うところに設定されている。

goshauk (738) (OED s.v. goshawk: A large short-winged hawk)

通例鷹狩りで騎士は普通の「鷹」(hawk) を用いるが，ここでは「小さな羽の鷹」が選択されている。

launce-gay (752) (OED s.v. launcegay: A kind of lance; MED s.v. launcegai: A light spear or lance)

Cf. OED s.v. lance: A weapon, consisting of a long wooden shaft and an iron or steel head, held by a horseman in charging at full speed, and sustained formerly by a rest, now by a strap, through which the arm is passed.

騎士は通例槍 (launce) を用いるが，トパス卿には「軽い槍」が選択されている。

clamb (797)

通例のパタン，騎士が「飛び跳ねた」(leped) の替わりに，「よじ登った」(clamb) が選択されている。トパス卿が馬を

乗りこなし，さっとジャンプできないで，おそるおそる馬にしがみついている様が彷彿とする。

bukke and hare (756)
騎士が大胆に冒険していくことを想定すると「ライオンや虎」といった野獣性の高い動物がふさわしいが，身近な動物,「雄鹿」,「野ウサギ」が選択されている。

thy steed (812)
通例では「敵自体の命」を狙うのであるが，トパス卿においては人間ではなく，彼が乗っている「馬」がその対象として選択されている。

mace (813) (MED s.v. mace: A club used in warfare)
騎士の武器は通例「剣」(swerd) が用いられるが，トパス卿には「戦こん」(頭部に金属製の釘のついた中世の武器) が選択されている。

(2) 統語
a. モダリティ(Modality)

騎士の臆病さを表すために，断定する表現ではなく一歩下がった非断定的な表現が選択されている。

"An elf-queene **wol** I love, ywis,
For in this world no womman is
Worthy to be my make
　　　　　　In towne;　　VII 790-3
(妖精の妃をわたしは本当に愛します。だって，この世の中でわたしの連れ合いにふさわしい女は一人としておりません，町中を探しても。)

意志を表す法助動詞 (wol) が使われているが, トパス卿の恋はこの意志の段階から進展していない。

> The childe seyde, "Also moote I thee,
> Tomorwe **wol** I meete with thee,
> Whan I have my armoure;
> And yet **I hope,** par ma fay,
> That thou **shalt** with this launcegay
> Abyen it ful sowre.　　VII 817-22
>
> (若殿は言う,「われに栄えあれ, 明日こそはお前と相対さん, われはわが鎧をつけん, その時に。されど, わが真実にかけ, この槍で目にもの見せてくれようぞ。)

トパス卿は怪獣 sire Olifant (sir Elephant) と (今ではなく) 明日戦おうと意図 (wol) しているが, またそのように期待している (hope) が, そのことが実行されるか否かは不明である。ところで, クリセイデはパンダラスの家に宿泊中, 寝室にトロイラスを入れるのを躊躇し, そのようなことは「明日」と延期を試みる。ここには同種の躊躇が看守できる。(tomorwe: Cf. Criseyde Tr 3.809)

> Thy mawe
> **Shal** I percen, if **I may**,
> Er it be fully pryme of day,
> For heere thow **shalt** be slawe."　　VII 823-6
>
> (お前の胃の腑もできることなら一突きにしてやるわ, 日もたけなわとなる前に。そのわけはここで汝は切り殺される定めなればなり」)

トパス卿の決断 (shal) の矛先は, 人間そのものでなく「胃」であるし, また条件付き (if I may) である。

> For **nedes moste** he fighte
> With a geaunt with hevedes three,
> For paramour and jolitee
> Of oon that shoon ful brighte.　　VII 841-4
>
> （卿は是が非でも三頭の巨人と闘わねばならないのです。煌々と光り輝く人の愛人の愛のため，また喜びのために。）

トパス卿は，巨人と「闘わねばならない」のであるが，怖ければそれだけ義務感は強くなってくるだろう。

> And over that his cote-armour
> As whit as is al lilye flour
> In which he **wol** debate.　　VII 866-8
>
> （その上に百合の花のように白い鎧をつけました。それを着て敵と戦おうという次第です。）

法助動詞 wol (will) は後に示すように二義的な動詞「闘う」，「口論する」(debate) と共起している。トパス卿の意図の矛先は微妙である。モダリティの類似的表現として，次の almest (almost) がある。

> I telle it yow, hym hadde **almest**
> Bitid a sory care.　　VII 758-9
>
> （申し上げますが，実は悲しい不幸なことがふりかからんとしていたのでありました。）

不幸が実際に起こるのか否か定かにはされていない。事実，物語は幸にせよ不幸にせよ具体的には展開していない。

　伝統的なロマンスの戦いシーンを『アミスとアミルーン』から一例挙げてみよう。

& seyd, "So god me spede,
Now þou **schalt** a-fot go,
Y **shcal** fiȝt a-fot al-so,
& elles were gret falshed."
þe steward & þat douhti man
Anon to-gider **þai fiȝt gan**
Wiþ brondes briȝt & bare;
So hard to-gider **þai fiȝt þan**,
Til al her armour o blod **ran**,
For noþing nold þai spare. *Amys and Amyloun* 1341-50

（そして言った。「あー神様私を栄えさせたまえ。さー地に立つんだ。おれもまた地に立ち戦おう。そうせねばとんでもない偽というもんだ。執事とかの勇士はすぐにも闘い始めた，輝かしい剣を鞘から出して。二人はあまりにも激しく闘ったため，彼らのよろいから血が一筋流れ出た。彼らは手加減しようなんと全く考えなかったのだ。）

上記の前半は闘いの決意 (schalt, schal) が示されているが，後半では闘いが法助動詞を使わず事実として叙述されている (þai fiȝt gan, þai fiȝt þan)。

b. 句の構造

Tomorwe wol I **meete with** thee, VII 818

'meete with' は二義的に解される可能性がある。伝統的には，＜人と戦う＞ (MED s.v. meeten 3: To engage (sb., an army, a wild beast) in combat; encounter (a weapon) in battle; fight (sb., an army), attack) であろうが，トパス卿では＜人に偶然会う＞ (MED s.v. meeten 1: To come across (sb.)) の可能性が浮上する。

(3) 意味

a. 多義性

prikyng, softe gras
Sir Thopas eek so wery was
For **prikyng** on the softe **gras**,
So fiers was his corage,
That doun he leyde him in that plas,
To make his steede som solas,
And yaf hym good forage..　　VII 778-83

（トパス卿は，心が弥猛(やたけ)にはやり，柔らかい草の上を激しく乗りまわしたため。すっかり疲れ果ててしました。それで馬に少しの休息をとらせようと，その場に身を横たえ，馬にはよい飼葉(かいば)を与えました。）

「馬を乗り回す」(prikyng) には，「（拍車で）突き刺す」(OED s.v. prick 9: to spur (a horse) の意味があり，「柔らかい草」は「隠し所」を暗示してもいる。騎士の活動場所は屋外に設定されるべきであるが，隠された性的な含意は屋内のそれである。

child
He seyde, "**Child**, by Termagaunt,
But if tho prike out of my haunt,
Anon I sle thy steede
　　　　　With mace.　　VII 810-3
（彼は言う，「おい，青二才の若侍め，テルマガウント神にかけて！お前がわしの縄張りから出て行かないと，すぐにもわたしはお前の馬を殺してやるぞ，この鎚矛(つちぼこ)で。」）　He=sire Olifaunt

child は，伝統的には＜騎士になるべく期待されている子供＞ (MED s.v. child 6: A youth of noble birth, esp. an aspirant to knighthood; also, a knight or warrior) がふさわしいであろうが，トパス卿では＜未熟な子供＞ (MED s.v. child 4: A child regarded as innocent or immature) が当てはまるのではないかと考えられる。

伝統的なロマンスでの child の使用は枚挙に暇がない。

King Horn
þat on him het Haþulf **child**,	25
þanne spak him **child** Horn,	137
Luuede men Horn **child**,	247
For to kniȝti **child** Horn,	480
Ef Horn **child** is hol and sund,	1341
He sede, "Leue Horn **child**,	1359

Gamelyn
Thanne seyde Gamelyn・þe **child** was þat was ying,	105
Thanne seyde þe **child**・ȝonge Gamelyn,	113
And toward þe wrastlyng・þe ȝonge **child** rood.	190

Sir Perceval of Galles
The **childe** was full wighte.	1304
The **childe** was sett on the dese,	1317
Scho frayned Arthour þe Kyng	
Of **childe** Perceuell þe ȝyng,	1562-3

debate
And over that his cote-armour
As whit as is al lilye flour
In which he wol **debate**.　　　VII 866-8

(その上に百合の花のように白い鎧をつけました。それを着て

Debate は二義的である。伝統的な闘い場面では，＜戦う＞ (MED s.v. debate 1. b: to engage in combat, fight, brawl, make war) が想定されるが，トパス卿では上述のモダリティの項で述べたように，言葉で闘いをしようとする，つまり＜口論する＞ (MED s.v. debate 1 a: To quarrel, dispute) が当てはまると言えよう。

b. イディオムの解体と創造

the flour of chivalry
But sir Thopas, he bereth **the flour**
Of roial chivalry!　　　VII 901-2
（トパス卿，その人はめでたし，宮廷騎士道の華！）

通常のイディオムは 'the flour of chivalry' であるが，ここでは更に chivalry の前に roial が付加され，一層高貴さがハイライトされている。しかしこのような強調とは裏腹に前置詞

'flour'	'chivalry'
paragon	knighthood
flower / flour	'horse rider' < L caballari us

of 前後の語の多義性，そしてその意味の組み合わせは複雑である。

　それぞれの語の意味を組み合わせると少なくとも4種類の意味が可能である。

[1] 騎士道の華（伝統的なイメージ）
　　MED s.v. chevalrye 6: *Phrases*. (a) **flour (palm) of** 〜, the best of knights (as a warrior or as exemplifying the ideals of chivalry); the best of the chivalric ideals
[2] 騎士道の花, 粉 （柔らかいイメージ, 粉々のイメージ）
[3] 馬乗りの華
[4] 馬乗りの花, 粉

Birch (1988) の言う 'Expanding semantic options' を試みた。「二重プリズム構造」で述べたが，第一プリズムの詩人チョーサーは，間を聴衆・読者に対して許している。その間を聴衆が読み解き，埋めていくことで，この常套句の意味が最終決定される。意味の決定は，聴衆・読者に委ねられ，そこでは曖昧性が生起する可能性がある。この時，新たな意味は伝統的な意味を批判し，相対化するように生み出される。かくして両者の意味関係はアイロニカルになる傾向がある。

チョーサーのロマンスでの 'flour of chiualrye' の伝統的な使用を挙げておこう。

> Thus rit this duc, thus rit this conquerour,
> And in his hoot of **chivalrie the flour**,
> Til that he cam to Thebes and alighte
> Faire in a feeld, ther as he thoughte to fighte.
> 　　　　　　　　　　　　　　　KnT I (A) 981-4

（このように征服者なる公は歩武堂々馬を進めて行かれました。軍勢のなかでも騎士道の華と仰がれる公はこのように堂々と進まれました。そしてついにテーベに到着し，戦う場所と決めた野原に降り立たれました。）

Why grucchen we. why have we hevynesse,

That goode Arcite, **of chivalrie flour**,
Departed is with duetee and honour
Out of this foule prisoun of this lyf?　　KnT I (A) 3058-61
(なぜ、われらは恨みごとを言い、なぜわれらは思い心で悲しむのか、かの優れたるアルシーテが義務を果たし、栄誉を受けて、この人生の汚れたる牢獄から抜け出していったのを。)

Arveragus, with heele and greet honour,
As he that was **of chivalrie the flour**,
Is comen hoom, and othere worthy men.
　　　　　　　　　　　　　　FrankT V (F) 1087-9
(騎士道の華とも仰がれた人にふさわしく、アルヴェラーグスは健康な上に非常な名誉を受けて家に帰って参りました。ほかの立派な人たちもまた帰ってきました。)

チョーサー以外のロマンス、*Ywain and Gawain* からの例を挙げておこう。

Of þe Kyng Arthure i wil bygin,
And of his curtayse cumpany.
þare was þe **flowre of cheually**!　　42-4
(アーサー王についてお話しを始めましょう。また彼の立派な同行の士についても。まさに騎士道の華でありました。)

(4) レジスター (どんな場面で誰のために使われるのか)

fair and gent　(騎士に対して女性に使われる表現を適用)

And I wol telle verrayment ....
Al of a knyght was **fair and gent**
In bataille and in tourneyment;　　VII 713-6
(話を真実こめて語るといたします。話はすべてこれ、美わしく品位高いある騎士のこと、しかも戦闘と馬上槍試合の話でございます。)

伝統的なパタンとしては，'___ in bataille and tournament' の下線部に騎士の勇敢さを表す下記のような形容詞が入る。

doughti/worthy/felle/free

Perceval of Gales 3-4, *Octovian* 19-21, *Guy of Warwick* 1(6), *Amis and Amiloun* 176-80 を参照。

逆に，'fair and gent' は，Emare 15-6, 190-2, 403, チョーサーの Rom 1031-2, PF 558, MilT I (A) 3232-3 では女性に使われている。トパス卿には宝石の似合う，女性にふさわしい形容詞が使われている。

Sire Thopas wax a doghty swayn;
Whit was his face as payndemayn,
His lippes rede as rose;
His rode is lyk scarlet in grayn,
And I yow telle in good certayn
He hadde a semely nose.　　　VII 724-9

（さて，トパス卿は勇敢なる若者に成長なされました。その顔は白パンのごとく白く，その唇は薔薇のごとく赤く，その顔色は輝くばかりの緋の色とでも申しましょうか。その上，正真正銘のところ，格好のいい鼻をお持ちでありました。）

顔の色が白いのは戦場で戦う騎士には違和感があるし，またその例えが「最上等の白パン（OED s.v.pain-demaine:White bread, of the finest quality; a loaf or cake of this bread.）というのもあまりにも日常的・家庭的で不自然である。彼の唇や顔色が赤く，また鼻が格好いい，というのも大凡騎士の属性（筋骨隆々とした男らしさや闘いでの強さ・忠義心）には関係ないもので，これはむしろ美人の属性である。

> Of wrastlyng was ther noon his peer,
> Ther any **ram** shal stonde.　　VII 740-1
>
> (角力にかけては彼に右に出るものは,一人とてありません。
> 雄羊が角力の賞となっている場合はことに然りという次第。)

　去勢しない雄羊が賞となっているが,これは騎士にふさわ
しい賞品であろうか。『カンタベリー物語』序の粉屋の描写
においては,この雄羊が彼の角力の賞品として紹介されてい
る (At wrastlynge he wolde have alwey the ram. GP [the miller]
I 548)。他方,「騎士物語」において主人公の騎士,パラモン
とアルシーテは,彼らが共に愛したエメリー姫を賞品とし
て,馬上槍試合に参加している。

(5) 韻律

　「トパス卿の話」の 8 音節の詩行は,10 音節のそれに比
べ,スピーディな展開が可能である。しかしトパス卿の活動
は実にゆっくりとしたものである。

> Into his sadel he **clamb anon**,
> And priketh over stile and stoon
> An elf-queene for t'espye,　　VII 797-9
>
> (馬の鞍へとすぐにもよじ登って,柵越え石越え,馬を激しく
> 乗りまわします。ただひたすらに妖精の女王を探すため。)

> **Tomorwe** wol I meete with thee,
> **Whan** I have my armoure;
> And yet I hope, par ma fay,
> That thous shalt with this launcegay
> Abyen it ful sowre.　　VII 818-22

(明日こそはお前と相対さん，われはわが鎧をつけん，その時に。されど，わが真実にかけ，この槍で目にもの見せてくれようぞ。)

     Thy mawe
Shal I percen, if I may,
Er it be fully pryme of day,
For heere thow shalt be slawe."   VII 823-6

(お前の胃の腑もできることなら一突きにしてやるわ，日もたけなわとなる前に。そのわけはここで汝は切り殺される定めなればなり」)

句跨り (enjambement) は，一般的にスピーディな展開となるはずであるが，その韻律構造内の内容は実にゆったりとしたものになっている。

<u>It gooth an ambil in the way</u>
<u>Ful softely and rounde</u>
<u>In londe.</u>   VII 885-7

(馬は道をいとも静かに，緩やかに調子をとって歩いていきます。国中をのんびりと。)

伝統的なロマンスでのパタン，tail rhyme romance のスピーディな展開を示しておこう。

Sir Amiloun, as fer of flint,
Wiþ wretþe anon to him he wint
& smot a stroke wiþ main;
Ac he failed of his dint,
þe stede in þe heued he hint
& smot out al his brain.
þe stede fel ded doun to grounde;
      Amys and Amyloun 1321-17

(アミルーン卿は，火打ち石の火の如く，怒ってすぐにも彼に立ち向かい，力を込めて打ち込んだ。しかし彼は打ち込みに失敗し，馬の頭をなぐり，脳を叩き出した。馬は死に地に倒れた。)

強意語 al は韻律調整のために使われているが，その使用はちぐはぐで騎士にふさわしくない属性を強調している。

Al of a knyght was fair and gent
In bataille and in toruneyment.　　VII 715-6
(話はすべてこれ，美わしく品位高いある騎士のこと，しかも戦闘と馬上槍試合の話でございます。)

非強勢位置での使用（715, 773, 777, 884, 903）と強勢位置での使用（719, 787, 831, 864）が見られる。

tail rhyme romance の脚韻構造 aab の b の効果を見てみよう。

Til he so longe hath riden and goon　　a
That he foond, in a pryve woon,　　a
The contree of Fairye　　b
　　So wilde;　　(bob)
For in that contree was ther noon　　a
That to him durste ride or goon,　　a
Neither wyf ne childe.　　b　　VII 800-6

(とうとう長いこと馬に乗って走ったあげくの果て，とある，人目につかぬ境界地に妖精の国を見つけました。それはとても荒涼たる国でした。その国には，彼に向かって馬上でも徒歩(かち)でも，あえて挑んでくるものは女も子供も誰一人としてありません。)

「荒涼たる国 … あえて挑んでくるものは」と聞いてくると，次に相当な強敵を想定するが，「あえて挑んでくるものは女

も子供も誰一人としてありません」とトーン・ダウンする。ここでも anticlimax の手法が用いられている。

同様な描写が伝統的なロマンスでも見られるが，その効果は漸増的である。

    In þis warld is man non   a
    þat oʒaines him durst gon, a
    Herl, baroun, no kniʒt.   b   *Guy of Warwrick* 148 (7-9)
    (この世の中にあえて彼に挑んでくるものは誰一人としていません。伯爵，男爵，騎士ですら。)

bob は，Davis (1967) によれば，作者の後思案を示したり，情報の調整機能をしたりする機能がある。

    The bob ... was an afterthought of the author's, and ... added after the poem was complete, with a few adjustments.

    For in this word no womman is
    Worthy to be my make
    In towne;   VII 791-3
    (この世の中でわたしの連れ合いにふさわしい女は一人としておりません，町中を探しても。)

「この世の中で」と始めて，最後の bob のところで「町中を探しても」と，範囲を大きく狭めている。

          Thy mawe   bob
    Shal I percen, if I may,   a
    Er it be fully pryme of day,   a
    For heere thow shalt be slawe." b   VII 823-6
    (お前の胃の腑もできることなら一突きにしてやるわ，日もたけなわとなる前に。そのわけはここで汝は斬り殺される定めなればなり」)

怪獣 Olifaunt をずばり殺すのではなく，彼の「腹」(MED s.v. mau 2 a: The abdomen, belly) を突き刺す，しかも「もしできれば」，と，攻撃の程度を大きく縮小している。

おわりに

ロマンスの伝統的な表現は，本来人物の理念的な特徴を焦点化し，際立てるために使用される。これらの表現を通して彼らの愛を貫く忠義や勇敢さが大きく映し出される。チョーサーは「トパス卿の話」において，トパス卿の「大」なる想定を聴衆に対して喚起する一方，その実はその想定がトーン・ダウンするように，彼を極力「小」なる人間として描いている。チョーサーは伝統的な騎士道をミニチュア化し，一見へぼ詩人のように振る舞ってはいるが，実際はロマンスの類型を脱却し，人間的な視点を組み込み，理想通りにいくわけではないリアルな人間の姿を描き出してもいる。勇気のある騎士ではなく，戦いが怖くておどおどしている生身の人間の心情がハイライトされている。

ロマンスに特徴的な物理的・心理的空間の「大」の想定とその「小」の具現化において，チョーサーは聴衆・読者に大きな解釈幅を与えている。聴衆・読者はその間を読み解くことで，新たな意味の創造を行ったと言える。ロマンスに見る伝統と刷新において，チョーサーは，中世から近代にかけて騎士道理念が後退し，新たな人間像が構築される，まさにその過渡的な状況を映し出したと結論付けられる。

参考文献

Benson, Larry D. ed. 1987. *The Riverside Chaucer: Third Edition Based on The Works of Geoffrey Chaucer Edited by F. N. Robinson.* Boston: Houghton Mifflin Company.

Birch, David. 1988. "Expanding semantic options for reading Early Modern English." Ed. David Birch and Michael O'Toole, *Functions of Style*, London and New York: Pinter Publishers, 157-68.

Bryan, W. F. and G. Dempster. 1941. *Sources and Analogues of Chaucer's Canterbury Tales.* London: Routledge and Kegan Paul.

Burnley, D. 1983. *A Guide to Chaucer's Language.* London: Macmillan.

Fewster, C. 1987. *Traditionality and Genre in Middle English Romance.* Cambridge: Cambridge University Press.

French, Walter Hoyt and Charles Brockway Hale. 1960 (orig. publ. 1930). *Middle English Metrical Romances* (Two Volumes bound as one volume I). New York: Russell and Russell.

Gaylord, A. T. 1976. "Scanning the Prosodists: An Essay in Metacriticism." *The Chaucer Review*, Vol. 11, No. 1, 22-82.

Halliday, M. A. K. and Christian M. I. M. Matthissen. 2004. *An Introduction to Functional Grammar*. London: Arnold.

Harrington, N. T. ed. 1964. *Ywain and Gawain*. EETS (O.S.) 254.

Kurath, H., S. M. Kuhn, and R. E. Lewis. eds. 1952–2001. *Middle English Dictionary*. Ann Arbor: The University of Michigan Press.

McSparran, F. ed. 1986. *Octovian*. EETS 289.

MacEdward, L. ed. 1937. *Amis and Amiloun*. EETS (O.S.) 203.

Masui, Michio. 1964. *The Structure of Chaucer's Rime Words — An Exploration into the Poetic Language of Chaucer:* Tokyo: Kenkyusha.

桝井迪夫訳. 1995. 『カンタベリー物語』(上),(中),(下),岩波書店.

Murray, J. A. H. ed. 1875. *Thomas of Ercerdoune*. EETS 61.

Nakao, Yoshiyuki. 1991. "The Language of Romance in *Sir Thopas* — Chaucer's Dual Sense of the Code." Ed. Kawai Michio, *Language and Style in English Literature: Essays in Honour of Michio Masui*. The English Research Association of Hiroshima, The Eihosha Ltd., 343-60.

中尾佳行. 2004. 『Chaucer の曖昧性の構造』松柏社.

大槻博訳. 1988. 『英国中世ロマンス』旺史社.

齋藤勇. 2000. 『チョーサー:曖昧・悪戯・敬虔』南雲堂.

Simpson, J. A. and E. S. C. Weiner. eds. 1989. *The Oxford English Dictionary*. 2nd ed. Oxford: Clarendon Press.

Tolkien and E. V. Gordon. eds. 1967. *Sir Gawain and the Green Knight*, 2nd ed., rev. N. Davis. Oxford: The Clarendon Press.

外山滋比古. 1964 (1981. 8th pr.). 『修辞的残像』みすず書房.

Zupitza, J. ed. 1883, 1887, 1891. *The Romance of Guy of Warwick: Auchinleck and Caius MSS.* EETS (E.S.) 42 (1883), 49 (1887), 50 (1891).

Derek Brewer, *Chaucer and his world*, Eyre Methuen, 1978 (pp.17, 100) に拠る。

古期英語の伝統と刷新

― 「海ゆく人」の継承 ―

地 村 彰 之

はじめに

　本論では，アングロ・サクソン詩「海ゆく人」とそれを翻訳した現代の詩人エズラ・パウンド (1885-1972) の詩「海ゆく人」を音韻統語・語彙の視点から比較しながら，類似点と相違点を見出して英文学における伝統と刷新の一端を眺めていきたい。

　パウンドは，アングロ・サクソン詩「海ゆく人」を現代の韻文に訳した。翻訳については，母語が英語であったとしても，難解さに直面したようである。アングロ・サクソン時代の言葉，習慣，慣習，社会背景などが何世紀もの間に変化したこともその理由の一つであろう。アングロ・サクソン詩「海ゆく人」は，「さすらい人」と同じように，哀歌に属し10世紀末に書かれ，「エクセター写本集」の中に含まれている。現世のはかない苦しい状況の中で，過去の栄光を思えば思うほど，現況が惨めになるのであるが，定められた運命による悲惨な境遇から，最終的にはキリスト教の神によって救いの世界を見出すことになる。この詩が現代のアメリカ詩人パ

ウンドによって20世紀の初頭に訳された。ただし，この訳は1911年11月30日に公にされているが，合衆国で書かれたのではなく，イギリス滞在中に翻訳されたと考えられる。つまり，『オックスフォード人名辞典』(2004)によると，パウンドは1910年6月から1911年2月22日まで合衆国にいたと記録が残っているが，1908年の終わりごろロンドンに移りW. B. イェイツ (1865-1939) の近くに住んだ。そして，1920年の終わりにはロンドンを離れたと言われている。

このように，アングロ・サクソン詩「海ゆく人」とパウンドの「海ゆく人」には，かなりの距離が存在している。多くの批評家は，パウンドの詩には誤訳があると指摘している。C. L. レンは，パウンドの詩にはアングロ・サクソン的な雰囲気は残されているが，パウンド自身の独創的なところがあり，原文と比較すれば翻訳とは言いがたいと述べている。しかし，この詩はパウンドの習作期の作品であり，アングロ・サクソンの詩法を自らの作品の中に取り入れる準備をしていた時期に書かれているので，本論ではこの作品を翻訳の一つであると考える。しかも，作者が大学生のときに，アングロ・サクソン詩を好んで勉強したことが記録に残っている。パウンドは，翻訳という形をとって自分の「海ゆく人」を書くが，再読すると現代社会（20世紀前半の世界）にふさわしいような現代版の「海ゆく人」を創造したと言える。アングロ・サクソン詩特有のストイックな考え方にキリスト教が奇妙にも融合していた世界とは別に，パウンドの詩では，原典の後半に存在している宗教性が排除されている。そこで

は，人間そのものが神であるかのように，自分を中心に物事を展開する新たな厳しいストイックな生き方への姿勢が感じられる。

1．頭韻における伝統と刷新

　アングロ・サクソン詩は，頭韻詩であるため前半行2つ，後半行1つの語が韻を踏んで一行を構成すると言われている。ただし，アングロ・サクソン詩「海ゆく人」が書かれたと推定される年代は10世紀後半である。その写本は965年から975年の間にクレディトンかエクセターで書かれたと考えられている。通説に従って1100年ごろまでを古期英語の時代とみなすと，この作品は古期英語後期に属しているため，完全に頭韻詩の定型に従わない場合があってもおかしくはない。しかし，全行124のうち，前半行に2つの語頭音と後半行に1つの語頭音が頭韻を踏んでいる完全韻となっているのは過半数の70行あり，その他の場合でも前半行1と後半行1のように頭韻を踏むという型にはまっている。アングロ・サクソン詩「海ゆく人」は，アングロ・サクソン時代後期に書かれたものではあるが，頭韻の定型表現が守られている作品といえる。

　パウンドの詩もほとんどの行において頭韻が使われている。ただし，アングロ・サクソン詩の第16行目 "winemægum bidroren" は後半行が欠けている不完全行であり，頭韻は見ることができないが，同じようにパウンドも "Deprived of my kinsmen" のように不完全韻の文を作っている。以下に，

パウンドがアングロ・サクソン詩をうまく復活させているところを，原文と比較しながら見ていく。

>　(1)　　　　　　　　Calde geþrungen
>　wæron mine fet,　forste gebunden,
>　caldum clommum; . . .　　　(8-10)
>　　　　　　　　　　（凍えしは
>　わが足,　　　　霜に縛られ
>　凍る足枷の搦（から）みて。）

(鈴木重威, 鈴木もと子共訳『古代英詩』(グロリア出版, 1978)より)

>　　　　　　　Coldly afflicted,
>　My feet were by frost benumbed.
>　Chill its chains are;

この引用文 (1) において，パウンド訳には，原典に存在する肉体的な冷たさを表す雰囲気がそのまま残されている。ただし，原文の8行目から9行目と9行目から10行目は一続きの文を作っているが，パウンド訳は明らかに意訳をしている。つまり，原文を直訳すると，"By cold were oppressed my feet, bound by frost with the cold fetters."（凍えしはわが足，霜に縛られ凍る足枷の搦（から）みて。）となる。パウンド訳では，海ゆく人の足が寒さにさらされ，麻痺してくる様子が2行目で弱強格 (iamb) と弱弱強格 (anapaest) によって表されているが，3行目では強弱格を用いることによって力強く聴衆・読者に示されている。この箇所を含めて自然描写は絶えず強勢が置かれている。

(2) Nap nihtscua,   norþan sniwde,
    hrim hrusan bond,   hægl feol on eorþan, (31-32)
    (夜の闇は迫り　　　北の方より雪舞いおりて
    霜地を搦め,　　　　霰土に落つ)

Neareth nightshade, snoweth from north,
Frost froze the land, hail fell on earth them.

(3) Bearwas blostmum nimað,   byrig fægriað,
    wongas wlitigað m   woruld onetteð ―   (48-49)
    (樹々は花咲き,　　　町うるわしく
    野は彩られ,　　　　世は息づきて)

Bosque taketh blossom,   cometh beauty of berries,
Fields to fairness,   land fares brisker.

例 (2) は,時制の違いは別として,原文にある程度忠実な訳と言える。文字通り "nightshade grew dark and snowed from north." のように訳すことができる。しかし,パウンドは,頭韻の必要性があったためか "Neareth" という訳語を使っている。例 (3) は,意訳または誤訳といわれても仕方がない。文字通りには, "the woods take blossoms, the dwellings of men become beautiful, the meadows brighten, the world is active (or hastens on)." となる。パウンド訳の "Bosque taketh blossom", "Fields to fairness", "land" (or nation) は, "the woods take blossoms", "the meadows brighten", "world" と意味的に大きな差はない。唯一の間違いは 48b である。この箇所は原典と明らかに異なっている。しかし,パウンド訳のほうが自然界に活気が出てきたことを

具体的に表現しており，詩人の心の中に起こる興奮を頭韻上の音の繋がりとともに，浮かび上がらせている。こうした生き生きとした自然に刺激されて，詩人は海を旅する夢に駆り立てられる。以上のように，アングロ・サクソン詩とパウンド詩においては，頭韻の使用についてそれほど異なるところが無い。

しかし，頭韻上の制約に合わせながら創作されたパウンド詩に見られる技巧的な特徴を取り上げる。まず，パウンドは頭韻を合わせるために原文を変化させているところがある。その例をあげる。"song's truth" (soðgied: true lay), "Journey's jargon" (siðas secgan: say journeys), "corn of the coldest"(corna caldast: coldest of corns) また，頭韻上の必要性のため，複合語を使用している場合がある。"bitter breast-cares"(bitre breostceare), "storms, on the stone-cliffs beaten,... (stormas þær stancluf beotan,...) のように，ほぼ原文と一致している。パウンドはこのような古期英語の詩に見られた古語法を利用することによって，語と語の音における強い結びつきを表し，現代における詩的実験を試みたと言える。この種の言葉の実験はパウンドが後に書いた"Cantos"において視覚的な技法として生きてくる。それは語や音の反復として表され，独特の地獄絵図を提示するときなどに見られる。"The slough of unamiable liars, / bog of stupidities, / ... dead maggots begetting live maggots" (Canto XIV).

ここで，イギリス文学における英詩の父と称せられるチョー

サーにおける頭韻の使用について考えてみる。脚韻を用いて新しい詩文学を確立したチョーサーも古期英語から伝統的な頭韻を利用しているところがある。これこそ伝統的な英語表現の継承と刷新と考えられる。『カンタベリー物語』の「騎士の話」において頭韻が特に効果的に使用されている。無二の親友であったパラモンとアルシーテが，エミリー姫を得ようとして，決闘する場面で立て続けに頭韻が使われる。

> Ther is namoore to seyn, but west and est
> In goon the speres ful sadly in arrest;
> In gooth the sharpe spore into the syde.
> Ther seen men who kan juste and who kan ryde;
> Ther shyveren shaftes upon sheeldes thikke;
> He feeleth thurgh the herte-spoon the prikke.
> Up spryngen speres twenty foot on highte;
> Out goon the swerdes as the silver brighte;
> The helmes they tohewen and toshrede;
> Out brest the blood with stierne stremes rede;
> With myghty maces the bones they tobreste.
> He thurgh the thikkeste of the throng gan threste;
> Ther stomblen steeds stronge, and doun gooth al,
> He rolleth under foot as dooth a bal;
> He foyneth on his feet with his tronchoun,
> And he hym hurtleth with his hors adoun;
> ・・・・・・・・・・・・・・・・・・・・・・・・・
> Out renneth blood on bothe hir sydes rede.
> (I(A) 2601-35)

（これ以上申し上げることはございません。ただ西と東をごらんなされ。そら，しっかり構えた槍が飛びこむ，そら，鋭い拍車が横腹にはっしと当たる。そこでは，誰が槍試合が

うまいか，誰が乗馬がうまいかよくわかります。こちらでは槍が厚い楯に当たって震えます。一人の騎士は鳩尾（みぞおち）を一突き身に受ける。槍が二十フィートも高く飛び上る。剣が輝く銀のようにさっと閃き出る。兜が粉々に叩きつぶされる。血が赤い激しい流れになって吹き出る。強大な矛で骨を打ち砕く。ある者は群がる騎士の真っ只中に突き出る。強力な軍馬も転倒する。人馬もろともどうと倒れる。さらにある者はちょうど玉のように足もとで転がる。またある者は槍の柄をしごいて足に突きを入れる。ある者は相手を馬もろともに地上に突き落とす。さっと血が両脇腹を赤く染めて流れる。）

(桝井迪夫訳『完訳カンタベリー物語』より)

このように，各行に繰り返し頭韻が使用されている。/s/ 音はすばやく動く動き，/h/ 音は剣が高らかにこだまする響き，/b/ 音は血がほとばしる激しい流音を象徴しているかのようである。恋の炎に掻き立てられた両者の燃える感情が，この決闘でぶつかり合ったことがわかる。

2．統語における伝統と刷新

アングロ・サクソン詩の統語法では，端的に言えば，名詞や形容詞などはそれぞれ性（gender），数（number），格（case）によって屈折変化をしたため，その語尾変化によって文の中で占める語の役割が自動的に決定されたのであった。一方，現代英語では，語尾屈折を消失したものが多く，その結果それぞれの語の文中での役割が曖昧になり，その代わり語順が文を構成するときに重要な働きをすることとなった。このような英語の統語における歴史の中で，エズラ・パ

ウンドがアングロ・サクソン詩を翻訳する際，古期英語の語順をどの程度自らの詩法の中に取り入れたかが問題になる。ここでは，特に変奏（variation），行跨り（straddled lines, enjambement），否定構文の使用について順に取り上げる。

まず変奏についてである。この表現手法は，古英詩ではきわめて好んで使われたもので，ひとつの語・句・節・文などに対して言い換え表現を連続して使ってその意味内容を規定していくものである。頭に浮かんだイメージを明確に表す手法としてパウンドには何か新しいものに感じられたのであろうか。次の例にように，パウンドも変奏というテクニックを用いている。

> (4) Mæy ic be me sylfum　soðgied wrecan,
>   siþas secgan,　hu ic gewincdagum
>   earfoðhwile　oft þrowade,　　　(1 - 3)
>   （われは歌わんまことのうた，おのが身の上
>   わが旅を語らん，　　　　　　いかばかり憂き年月，
>   苦難の日々を 忍びきたり,）
>
> May I for my own self song's truth reckon,
> Journey's jargon, how I in harsh days
> Hardship endured oft.

パウンドはアングロ・サクソン詩の統語法を無視して"soðgied"と"siþas secgan"を"song's truth"と"Journey's jargon"に変化させているが，変奏という視点からは，古英詩の詩法を受け継いでおり,「歌の真実」,「旅のたわごと」,「いかにわたしが苦難の日々に苦しみをしばし耐えたかについて」という

ように，一般的な内容から，海ゆく人の具体的な心の苦しみを言及していくために，変奏を漸進的に用いている。

　次に行跨りという手法について見ていく。R・ファウラーは，行跨りは古英詩ではごく普通に使われていて，特に効果的であると指摘している。古英詩の詩行では，行中に置かれている中間休止があり，前半行と後半行が頭韻によって結び付けられているが，後半行で始まり次行の前半行へと続く句を成立させるには行跨りが効果的である。古英詩によく使用された行跨りによって，アングロ・サクソン詩「海ゆく人」を支配している叙情的な雰囲気をその行だけで終わらせるのではなくて，連続的に継続していくことになり，気分を持続させながら効果を高めていく。パウンドもやはり翻訳において行跨りをうまく用いている。

(5) 　　　　　　　　Forþon cnyssað nu
　　heortan geþohtas,　þæt ic hean streamas,
　　sealtyþa gelac　　sylf cunnige;
　　monað modes lust　mæla gehwylce
　　ferð to feran,　　þæt ic feor heonan
　　elþeodigra　　　eard gesece.　　　(33b-38)
　　　　　　　　　　（されば今
　　思いは胸にせまる，　潮騒の高きうねりを
　　この身もて　　　　究めゆかんと。
　　わが胸の願いは　　間なく時なく
　　わが魂(たま)を駆る，　ここよりはるか
　　見知らぬ国を　　　もとめ出でよと。）

　　　　　　　　　　Nathless there knocketh now
　　The heart's thought that I on high streams

The salt-wavy tumult traverse alone.
Moaneth alway my mind's lust
That I fare forth, that I afar hence
Seek out a foreign fastness.

ここでは，アングロ・サクソン詩にある行跨りを利用して翻訳しているパウンドの態度が伺える。パウンドは行が切れることなく次行に継続していく手法を利用している。この点では，ブルック - ローズがカバルカンティの詩とパウンドのその翻訳を比較したときに述べたような，パウンドが行跨りを嫌って一行ごとに詩行を完結させるような創作を試みたということはあり得ない。

　最後に否定構文の用法について考える。動詞 'do' などの迂言形とならんで，英語史の流れを説明するときによく題材にされる否定構文については，その文体的に効果的な用法の起源を探ってみると，アングロ・サクソン詩に遡るといっても過言ではない。例えば，そのような否定構文は「海ゆく人」と同時代に書かれた「さすらい人」において見られる。

(6) 　　　　　　　　　　　Wita sceal geþyldig —
　ne sceal no to hatheort　ne to hrædwyrde,
　ne to wac wig　ne to wanhydig,
　ne to forht ne to fægen,　ne to feohgifre
　ne næfre gielpes to georn,　ær he geare cunne.
　　　　　　　　　　　　　(「さすらい人」65b-69)
　　　　　　　　　　　　(賢きは耐え忍び，
思い逸（はや）らず，　　言葉急がず，
戦に怖じず，　　　　　　業に走らず，
恐れに耐えて喜びをひかえ，富むさばらず，

知りつくさぬに　　　衿るをつつしむ。)

    The wise ought to be patient,
(ought) not (to be) too hot-tempered, not too fool-hardy.
nor too weak in battles, nor too heedless,
nor too timid, nor too servile, nor too greedy for wealth,
nor too eager in boasting, ere he should know clearly.

この引用文ではさすらい人の心の成長を見事に否定構文が表しているといっても良い。自らの悲惨な境遇に対して過去の栄光にすがるのではなくて，詩人はまともに向かい合って行こうとする。嵐の吹きすさぶ厳しい自然の中で詩人は賢明に生きていく知恵を学ぶ。"hatheort", "hrædwyrde", "wac wig", "wanhydig", "forht", "fægen", "feohgifre", "gielpes to georn"のような道徳的に重きを置かれない意味を持つ一連の形容詞に見られるように，行き過ぎた異常な状態が否定語"ne"によって完全に否定されることで，理想的な賢者としての姿が浮き彫りにされる。このように否定されるものは，その当時の足るを知らなかった人たちに共通の価値観であったかもしれないが，この詩人には不必要なものであった。自ら進んで中庸の徳を得ようとする。

 このような否定構文は，そのまま「海ゆく人」にも現れている。そして，それは同時にエズラ・パウンドの翻訳においても見い出せる。

  (7) Ne biþ him to hearpan hyge　ne to hringþege,
   ne to wife wyn,　ne to worulde hyht,
   ne ymbe owiht elles,　nefne ymb yðа gewealc,
            (44-46)

(舟人のおもうは竪琴ならず，拝領の宝にあらず，
女の楽しみ　　　　　　世の幸も空しく
あこがれやまず　　　　海行くものは。)

He hath not heart for harping, nor in ring-having
Nor winsomeness to wife, nor world's delight
Nor any whit else save the wave's slash

　これから船出しようとする海ゆく人の胸には，宮廷で華やいだ生活を過ごしていたときのことがよぎってくるが，それらのつかの間の楽しみ "to hearpan hyge", "to hringþege", "to wife wyn", "to worulde hyht" 全てが，"ne" によって否定され，現在のように惨めな境遇にあっては，"yða gewealc" のみが頼りになる。このように，海ゆく人の過去の栄えあると思われている生活と現在の悲惨な状態との対照的な状況が，否定表現によって浮き彫りにされていると考えられる。エズラ・パウンドはこのようなアングロ・サクソン詩に見られる否定表現を "Canto I" においても巧みに使用し，彼自身の独創的な表現となり，作品のテーマとも繋がってくるようである。地獄の世界や暗闇と否定の表現とが奇妙にも合致し，そこから抜け出すと，黄金の世界，つまり否定から離れた肯定の表現へと変化し，一連の詩行を大団円に終わらせようとする意図が感じられる。

　以上，統語的側面におけるパウンドの詩の語順を度外視すれば，パウンドは変奏，行跨り，否定構文において，古英詩の伝統を継承して，現代においてアングロ・サクソン詩を見事に復活させたのではなかろうか。

3．語彙における伝統と刷新

　語彙の問題を考える場合，古期英語において特有に見られる合成語の用法とパウンドが古期英語を翻訳した際に意図的に原典を変えたと思われるところを取り上げる。

　合成語は，古期英語ではケニングと呼ばれる比喩表現であり，今日でいう隠喩としての機能を果たしている。つまり，個々の語の意味を結びつけて新たな意味へと拡張していく表現手段として利用されている。古期英語では，頭韻の必要上の制約が働き，2語からなる合成語が多用されている。容易に意味が予測できる場合と原語の意味からかなり飛躍しているものまで多様である。以下に例を挙げる。左側が原典で，右側がパウンド訳である。

　　(8) breostceare – breast-cares, cearselda – care's hold,
　　　　earmcearig – care-wretched, iscealdne – ice-cold,
　　　　wingal – wine-flushed (i.e. merry),
　　　　anfloga – lone-flyer (i.e. 'seagull'),
　　　　hwælweg – whale-path (i.e. the sea),
　　　　flæschoma – flesh-cover (i.e. the body),

パウンド訳には原文の意味内容を忠実に訳していないものも存在する。"cearselda" は複数属格であるが，パウンドは単数扱いにしている。また，"seld" は文字通りに理解するならば "abode" を意味している。しかし，詩人は心によぎるイメージを2語またはそれ以上の語に分割しながら表現していく。それは読者・聴衆に対して視覚に訴える言葉となり，具体的に頭の中で実体化されていく。具体的なイメージ

を提示することは，読者聴衆が指示物つまり物を自らの目にありありと視覚化していき，自らの心に強い印象を残す。例えば，"hwælweg"を文字通り"whale-path"のように訳し，"the sea"の具体的なイメージを「鯨」と「通る道」の二つのものを合体して視覚化している。

次に，パウンドが意図的にアングロ・サクソン詩を変えたと考えられるところを取り上げる。

(9) 　　　　　　　ne ænig hleomæhs
　　feasceaftig ferð　frefran meahte.
　　Forþon him gelyfeð lyt　se þe ah lifes wyn
　　gebiden in burgum,　bealosiþa hwon,　(25b-28)
　　　　　　　　（たよるべき血族(うから)とて無し，
　　わびしき胸を　　慰めんにも。
　　げに誰ぞ知らん，世を楽しみ
　　都に住みて，　　労苦をよそに，）

　　　　　　Not any protector
　　May make merry man faring needy.
　　This he little believes, who aye in winsome life
　　Abides 'mid burghers some heavy business

町に住む人々は，当然楽しい生活を"winsome life"を送っているが，"some heavy business"をずっと経験し耐えていると述べている。この箇所は原文では"se þe ah lifes wyn/gebiden in burgum, bealosiþa hwon"となっており，"he who has experienced the life's pleasure in the dwellings of men, free from the dangerous hardships"（労苦とは関係なしに，都に住み世を楽しんでいるもの）という意味である。

パウンドはわざわざ「町で楽しい生活をし，重々しい仕事を経験するもの」のように，書き換えている。現代に生きる都会人の "heavy" な側面を呈示している。この問題と共通しているのは "Days little durable, / And all arrogance of earthen riches," における "arrogance"（傲慢）である。原文ではあくまでも "onmedlan" (=pomp, magnificence) のように，「栄華」としか書かれていない。華やかな栄華の背後にあるものを直感的に肌で知っている作者は，現代人の貪欲な姿という意味をこの語に託したのであろうか。

最後に，宗教性に関する見解の違いが見られるところは特に重要である。次の例のように，"his lof siþþan lifge mid englum"（その賛美は天使たちの中に生きん）が，"his laud beyond them remain 'mid the English"（彼への賞賛は人々を超えてイギリス人たちの間に残っていく）となり，パウンドは「天使たち」を「イギリス人たち」に変化させている。パウンドの意識的な言葉の選択であると解釈しても間違いではなかろう。

 (10) þæt hine ælda bearn æfter hergen,
  ond his lof siþþan lifge mid englum
  awa to ealdre, ecan lifes blæd,
  dream mid dugeþum. (77-80a)
 （後(のち)の世の子ら そをほめたたえ,
  その讚美(ことほぎ)は天使(みつかい)の中に生きん,
  永久にかきわに ― 滅びざる命の栄光(さかえ)
  天使の軍勢(むれ)の歓喜となりて！)

> So that all men shall honour him after
> And his laud beyond them remain 'mid the English,
> Aye, for ever, a lasting life's-blast,
> Delight mid the doughty.

アングロ・サクソン詩では，最後の20行ほどのところで，神に対して敬虔に祈る。神は大いなる力を持ち，人の心を落ち着け，逸る心や悪しき思いを抑える。永遠の幸せを求めて，聖なる神にお祈りを捧げる。しかし，パウンドは，アングロ・サクソン詩にある最後の神への祈りの部分を省略している。これは，宗教性を意識的に排除しようとする試みである。つまり，現代の世界で宗教を求めようとするのではなくて，それを捨て去ることによって現代という宗教を失った世界の中で強く生きていく「海ゆく人」が描き出されている。

おわりに

「英語学ライブラリー」の中に『頭韻と近代英国文化』という翻訳書がある。頭韻は，文学作品は言うに及ばず，神学，ジャーナリズム，政治，標語，格言，慣用句及び慣用句的語法，複合詞，広告，書名及び標題，命名などに見られるという。このことは，いかに頭韻が英国文化に浸透しているかを証明しているだけでなく，英語という言語に備わっている強い意志表現の手段としての頭韻の重要性を示している。インターネットを通して現代英語に見られる頭韻の例を探してみると，早口言葉の "Peter Piper picked a peck of pickled peppers" から，Big Ben, Coca-Cola, Super Sonic, Donald

Duck, Mickey Mouse などよく耳にするものが挙げてある。また，イギリスの町の中で "Pen to Paper" や "Marie Curie Cancer Care" のような頭韻を使った店頭の看板に目が行った。このように，英語と英語圏の人々にとって，頭韻は切っても切れない必要欠くべからざる表現手段と考えることができる。アングロ・サクソン時代からの伝統が刷新されながら，現代の英国文化に息づいている証と言える。

主要参考文献

Benson, L. D. (ed.) *The Riverside Chaucer*, 3rd ed. Boston: Houghton Mifflin, 1987.

Bessinger, J. B. "The Oral Text of Ezra Pound's 'The Seafarer.'" *Quarterly Journal of Speech* 47. 1961. 173-77.

Brook-Rose, Christine. *A ZBC of Ezra Pound*. London: Faber & Faber, 1971.

Brooker, Peter. *A Student's Guide to the Selected Poems of Ezra Pound*. London: Faber & Faber, 1969.

Dunning, T. P. & A. J. Bliss. (eds.) *The Wanderer* (Old English Library). London: Methuen, 1969.

Fowler, Roger. "'Prose Rhythm' and Metre," *Essays on Style and Language: Linguistic and Critical Approaches to Literary Style*. Ed. by Roger Fowler. London: Routledge &

Kegan Paul, 1966. 82-99.

Gordon, I. L. (ed.) *The Seafarer* (Old English Library). London: Methuen, 1975.

Hesse, Eva. (ed.) *New Approaches to Ezra Pound*. London: Faber & Faber, 1969.

Jimura, A. "Aspects of Adjectives in *Beowulf*," *The Ohtani Studies* Vol.14, No.1, 1979. 1-14.

Jimura, A. "The Anglo-Saxon Poem 'The Seafarer' and Ezra Pound's 'The Seafarer': Similarities and differences," *ERA* New Series, Department of English, Hiroshima University, Vol.1 No.2, 1981. 1-18.

Lloyd, L. J. and Audrey M. Erskine. *The Library and Archives of Exeter Cathedral*, 3rd edition with additions and amendments by P. W. Thomas and A. Doughty. Exeter: Short Run Press, 2004.

前島儀一郎訳（Mia Schwarz 著）『頭韻と近代英国文化』（英語学ライブラリー 12）研究社出版, 1958.

桝井迪夫訳『完訳カンタベリー物語』岩波書店, 1995.

Matthew, H. C. G. and Brian Harrison. (eds.) *Oxford Dictionary of National Biography*. Oxford: OUP, 2004.

Muir, B. J. (ed.) *The Exeter Anthology of Old English Poetry: An Edition of Exeter Dean and Chapter MS 3501*. Exeter: U of Exeter P, 1994, 2000^2.

Pound, Ezra. *Selected Poems*. London: Faber & Faber, 1975.

Quinn, S. B. *Ezra Pound: An Introduction to the Poetry*. New York & London: Columbia UP, 1972.

Sisam, K. "Mr. Pound and 'The Seafarer'," *TLS* , June 25, 1954. 409.

Smithers, G. V. "The Meaning of *The Seafarer* and *The Wanderer*," *Medium Ævum* Vol. XXVL, No.3, 1957. 137-53.

Steiner, G. *After Babel*. London: OUP, 1975.

Stock, N. *Poet in Exile: Ezra Pound*. Manchester: Manchester UP, 1964.

鈴木重威編『古代英詩 哀歌』研究社出版, 1967.

鈴木重威, 鈴木もと子共訳『古代英詩』グロリア出版, 1978.

Sweet, H. *Sweet's Anglo-Saxon Reader in Prose and Verse*. Revised throughout by D. Whitelock. Oxford at Clarendon Press, 1876, 1967, 1970, 1975.

Wrenn, C. L. *Word and Symbol: Studies in English Language*. London: Longman, 1967.

Appendix 1 古期英語テクスト（B. J. Muir, (ed.) *The Exeter Anthology of Old English Poetry: An Edition of Exeter Dean and Chapter MS 3501* より）

```
Mæy ic be me sylfum    soðgied wrecan,
siþas secgan,   hu ic gewincdagum
earfoðhwile    oft þrowade,
bitre breostceare   gebiden hæbbe,
gecunnad in ceole    cearselda fela,                    5
atol yþa gewealc,   þær mec oft bigeat
nearo nihtwaco    æt nacan stefnan,
þonne he be clfum cnossað.   Calde geþrungen
wæron mine fet,   forste gebunden,
caldum clommum;   þær þa ceare seofedun                10
hat' ymb heortan;   hungor innan slat
merewerges mō.   þæt se mon ne wat,
þe him on foldan    fægrost limpeð,
hu ic earmcearig    iscealdne sæ
winter wunade    wræccan lātum,                        15
winemægum    bidroren,
bihongen hrimgicelum.   Hægl scurum fleag.
þær ic ne gehyrde    butan hlimman sæ,
iscaldne wæg.   Hwilum ylfete song
dyde ic me to gomene    ganetes hleoþor                20
ond huilpan sweg    fore hleahtor wera,
mæw singende    fore medodrince.
Stormas þær stanclifu beotan,   þær him stearn oncwæð
isigfeþera;   ful oft þæt earn bigeal,
urigfeþra —   ne ænig hleomæga                         25
feasceaftig ferð    frefran meahte.
   Forþon him gelyfeð lyt    se þe ah lifes wyn
gebiden in burgum,    bealosiþa hwon,
```

wlonc ond wingal,   hu ic werig oft
in brimlade   bidan sceolde.   30
Nap nihtscua,   norþan sniwde,
hrim hrusan bond,   hægl feol on eorþan,
corna caldast.   Forþon cnyssað nu
heortan geþohtas,   þæt ic hean streamas,
sealtyþa gelac   sylf cunnige;   35
monað modes lust   mæla gehwylce
ferð to feran,   þæt ic feor heonan
elþeodigra   eard gesece.
Forþon nis þæs modwlonc   mon ofer eorþan,
ne his gifena þæs god,   ne in geoguþe to þæs hwæt,   40
ne in his dædum to þæs deor,   ne him his dryhten to þæs
                                                    hold,
þæt he a his sæfore   sorge næbbe,
to hwon hine dryhten   gedon wille.
Ne biþhim to hearpan hyge   ne to hringþ ege,
ne to wife wyn,   ne to worulde hyht,   45
ne ymbe owiht elles,   nefne ymb yða gewealc,
ac a hafað longunge   se þe on lagu fundað.
Bearwas blostmum nimað,   byrig fægriað,
wongas wlitigað,   woruld onetteð —
ealle þa gemoniað   modes fusne   50
sefan to siþe,   þam þe swa þenceð
on flodwegas   feor gewitan.
Swylce geac monað   geomran reorde,
singeð sumeres weard,   sorge beodeð
bitter in breosthord.   þæt se beorn ne wat,   55
esteadig secg,   hwæt þa sume dreogað
þe þa wræclastas   widost lecgað.
   Forþon nu min hyge hweorfeð   ofer hreþerlocan,
min modsefa   mid mereflode

ofer hwæles eþel   hweorfeð wide,   60
eorþan sceatas,   cymeð eft to me
gifre ond grædig;   gielleð anfloga,
hweteð on hwælweg   hreþer unwearnum
ofer holma gelagu.   Forþon me hatran sind
dryhtnes dreamas   þonne þis deade lif,   65
læne on londe.   Ic gelyfe no
þæt him eorðwelan   ece stondað:
simle þreora sum   þinga gehwylce,
ær his tiddæge,   to tweon weorþeð —
adl oþþe yldo   oþþe ecghete   70
fægum fromweardum   feorh oþþringeð.
Forþon bið eorla gehwam   æftercweþendra
lof lifgendra   lastworda betst,
þæt he gewyrce,   ær he on weg scyle,
fremum on foldan   wið feonda niþ,   75
deorum dædum   deofle togeanes,
þæt hine ælda bearn   æfter hergen
ond his lof siþþan   lifge mid englum
awa to ealdre,   ecan lifes blæd,
dream mid dugeþum.   Dagas sind gewitene,   80
ealle onmedlan   eorþan rices —
næron nu cyningas   ne caseras,
ne goldgiefan   swylce iu wæron,
þonne hi mæst mid him   mærþa gefremedon
ond on dryhtlicestum   dome lifdon.   85
Gedroren is þeos duguð eal,   dreamas sind gewitene,
wuniað þ a wacran   ond þ as woruld healdaþ,
brucað þ urh bisgo.   Blæd is gehnæged,
eorþan indryhto   ealdað ond searað,
swa nu monna gehwylc   geond middangeard.   90
Yldo him on fareð,   onsyn blacað,

gomelfeax gnornað, wat his iuwine,
æþelinga bearn, eorþan forgiefene.
Ne mæg him   þonne se flæschoma, þonne him þæt feorg
losað,
ne swete forswelgan   ne sar gefelan, 95
ne hond onhreran   ne mid hyge þencan.
þeah þe græf wille   golde stregan
broþor his geborenum   — byrgan be deadum —
maþmum mislicum,   þæt hine mid wille,
ne mæg þære sawle   þe biþ synna ful 100
gold to geoce   for godes egsan,
þonne he hit ær hydeð   þenden he her leofað.

Micel biþ se meotudes egsa,   forþon hi seo molde oncyrreð;
se gestaþelade   stiþe grundas,
eorþan sceatas   ond uprodor. 105
Dol biþ se þe him his dryhten ne ondrædeþ —   cymeð him
se deað unþinged.
Eadig bið se þe eaþmod leofaþ —   cymeð him seo ar of
heofonum,
meotod him þæt mod gestaþelað,   forþon he in his meahte
gelyfeð.
Stieran mon sceal strongum mode,   ond þæt on staþelum
healdan,
ond gewis werum,   wisum clæne. 110
scyle monna gehwylc   mid gemete healdan
  [lufan] wiþ leofne   ond wið laþne bealo,
þeah þe he hine wille fyres   fulne [* * *]
oþþe on bæle   forbærnedne
his geworhtne wine.   Wyrd biþ swiþre, 115
meotud meahtigra,   þonne ænges monnes gehygd.
Uton we hycgan   hwær we ham agen,
ond þonne geþencan   hu we þider cumen,
ond we þonne eac tilien   þæt we to moten

in þa ecan　　eadignesse,　　　　　　　　　　　　　　120
þær is lif gelong　　in lufan dryhtnes,
hyht in heofonum.　　þæs sy þam halgan þonc,
þæt he usic geworþade,　　wuldres ealdor
ece dryhten,　　in ealle tid. Amen.

Appendix 2　　日本語訳（鈴木重威，鈴木もと子共訳『古代英詩』（グロリア出版，1978）より）

われは歌わんまことのうた，	おのが身の上
わが旅を語らん，	いかばかり憂き年月，
苦難の日々を	忍びきたり，
深き愁いを	心に秘め，
舟あやつりて	哀しみ住まう，　　　　5
さかまく波に出で立ちしかを。	いく度かわれ
舳(へさき)に立ち，	夜の見張りに怯えぬ，
岩鼻をかすめ進みて。	凍えしは
わが足，	霜に縛られ
凍る足枷の搦(から)みて。	されば悲しみは吐息して　10
わが胸にあつく，	内なる飢は裂きぬ
海に疲れし舟人の心を。	人は知らず
陸(くが)にありて	幸(さきわい)の身に溢るる人は，
いかばかり哀しく	われひとり凍れる海に
冬の間もただよえるかを，	故郷を追われ　　　　　　15
親しき血族(うから)を裂かれしままに	
身をかこみつらら下がりて，	霜降りしく。
聞こゆるはただ，	海のとどろき
凍れる波音，	おりふしひびく白鳥の歌。
かつおどりの叫びを	慰めとなし，　　　　　　20
鴫(しぎ)のさわぐを	人のさざめき，

かもめの歌うを
嵐は岩壁を打ち,
それに応(いら)えぬ。
鳴きわたりて頻(しる)し。
わびしき胸を
げに誰ぞ知らん,
都に住みて,
美酒に酔う者は,
波のまにまに
夜の闇は迫り,
霜地を搦め,
凍れる粒なして。
思いは胸にせまる,
この身もて
わが胸の願いは
わが魂を駆る,
見知らぬ国を
げにもこの世に一人とて,
物惜しみなく
業に雄々しく
海ゆく旅を
神のさだめ
舟人のおもうは堅琴ならず,
女のたのしみ
求むるはただ
あこがれやまず
樹々は花咲き,
野は彩られ,
ものみなすべて
つのる思いを
潮路はるかに

蜜酒(ミード)の宴と夢みぬ。
羽凍る海鳥
翼濡れたる鷲は
たよるべき血族(うから)とて無し, 25
慰めんにも。
世の楽しみ
労苦をよそに
あまた度(たび)力なく,
漂いゆくを。 30
北の方より雪舞い降りて
霰土に落つ
されば今
潮騒の高きうねりを
究めゆかんと。 35
間なく時なく
ここよりはるか
もとめ出でよと。
矜りに満ち
若さの勇み, 40
主君のおぼえめでたき者も,
怖れぬはなし,
慮り知れねば。
拝領の宝にあらず,
世の幸も空しく, 45
さかまく波,
海行くものは。
町うるわしく,
世は息づきて,
人の心を, 50
旅へ駆り立て,
出でよと誘う。

みよ郭公はさそう　　　　　　声も哀しく
夏の先ぶれは歌う　　　　　　わが胸に
深き嘆きを告げて。　　　　　人は知らず　　　　　　55
奢りに生くるは，　　　　　　海遠くさすらい出づる
舟人の　　　　　　　　　　　忍ぶおもいを。
されば今わが心は　　　　　　胸よりさまよい出で，
わが思いは　　　　　　　　　潮の流れに漂いて
鯨の住処をよぎり，　　　　　はるばると　　　　　　60
地の面をめぐりさすらい　　　ふたたび帰りきぬ，
なお飽かずあくがれつつも。　ひとり飛ぶ鳥の叫び
わが心を駆り立てやまず，　　鯨の道へ
ひろごれる海面をこえて。　　げにわが神の悦びこそ
かぐわしきかな　　　　　　　束の間のはかなき　　　65
この世の命にまさりて。
　　　　　　　　　　　　　　いかで思わん
この世の栄　　　　　　　　　移ろうまじと。
いずれの時にも　　　　　　　三つのうち一つ，
命あるかぎり　　　　　　　　人をおびやかす——
そは老いと病　　　　　　　　刃の恨み，　　　　　　70
運命うけ去りゆく人の　　　　命を奪う。
されば何びとも　　　　　　　みまかりて後，
世の人々に讃えらるるこそ　　こよなき誉，
そを身に受けん，　　　　　　生くる日のかぎり
仇なす敵に　　　　　　　　　善きわざ報い，　　　　75
雄々しく立ちて　　　　　　　悪魔にむかえば，
後の世の子ら　　　　　　　　そをほめたたえ，
その賛美は　　　　　　　　　天使の中に生きん，
永久にかきわに——滅びざる命の栄光
天使の軍勢の歓喜となりて！　　　　　　　　　　　80
　　　　　　　　　　　　　　日々は過ぎ
地の王国の　　　　　　　　　栄華は滅びぬ。

今や亡し
黄金を賜いし君も，
こよなき栄光
王者の奢り
万軍は滅び亡せ
卑しき者
あえぎ営む。
世の高貴
今や地の果まで
老い迫りきて
頭霜おく人は嘆く，
貴人の末
その身はかなわず，
甘きを味わい
手をふりかざし
たとえ兄弟のため その墳墓に
黄金を撒き
たずさえゆかん
罪に満ちたる
黄金も力なし
たとえ世に在りしとき
大いなるは神の威力
そは揺るぎなき
果てなき大地
愚かなるは神を畏れぬ者，
幸いなるは心の貧しき者，
神は人の心を定む
人は逸るこころを抑え，
立てし誓にまことをつくし，
いざともに抑えん

王も帝も
そのかみここに在りせしものを，
互(かた)みに示し
わがものとして。　　　　　　　85
歓びは去りぬ，
世を継ぎて
栄誉は地に落ち，
老いさらばえ，
人すべてかくのごとし。　　　90
面青ざめ
その古き友
土に帰りて果てしを知れば。
命たゆれば，
痛みをおぼえ　　　　　　　　95
物を思うも。

数なす宝埋くとも，
すべあらじ。
霊魂のため　　　　　　　　　100
神の稜威(おそれ)に，
宝秘むとも。
その前に地もくつがえる，
地をかため
上なる天を成す。　　　　　　105
思わざる死の迫り来る。
そが上に来たらん天つ恵み。
神の力信じてあれば。
安らけき思いを保ち，
日ごとのわざに清く，　　　　110
悪しき思いを，

友にも敵にも　　　　心なごみて。
たとえわが友の　　　業火に囲まれ,
荼毘の炎に　　　　　焼かるるを
願わずとても,　　　運命はまさりて強く　　115
神は力あり,　　　　もろ人の想いをこえて。
われら思いみん　　　いずくにぞ住処を得んと,
なおも慮らん　　　　そを指して辿る道をば,
かくてわれら　　　　努めすすまん,
とこしえの　　　　　幸をもとめて,　　　　120
命の源は　　　　　　主の愛に,
悦びは天にあり。　　謝しまつれ聖なる神に,
われらに誉与えたまえば,栄光の君
永遠の主に,　　　　とわにかきわに。　アーメン。

Appendix 3　エズラパウンドのテクスト (Ezra Pound, *Selected Poems* より)

May I for my own self song's truth reckon,
Journey's jargon, how I in harsh days
Hardship endured oft.
Bitter breast-cares have I abided,
Known on my keel many a care's hold,　　5
And dire sea-surge, and there I oft spent
Narrow nightwatch nigh the ship's head
While she tossed close to cliffs. Coldly
My feet were by frost benumbed.
Chill its chains are; chafing sighs　　10
Hew my heart round and hunger begot
Mere-weary mood. Lest man know not
That he on dry land loveliest liveth,
List how I, care-wretched, on ice-cold sea,
Weathered the winter, wretched outcast　　15

Deprived of my kinsmen;
Hung with hard ice-flakes, where hail-scur flew,
There I heard naught save the harsh sea
And ice-cold wave, at whiles the swan cries,
Did for my games the gannet's clamour, 20
Sea-fowls, loudness was for me laughter,
The mews' singing all my mead-drink.
Storms, on the stone-cliffs beaten, fell on the stern
In icy feathers; full oft the eagle screamed
With spray on his pinion. 25
Not any protector
May make merry man faring needy.
This he little believes, who aye in winsome life
Abides 'mid burghers some heavy business,
Wealthy and wine-flushed, how I weary oft 30
Must bide above brine.
Neareth nightshade, snoweth from north,
Frost froze the land, hail fell on earth then
Corn of the coldest. Nathless there knocketh now
The heart's thought that I on high streams 35
The salt-wavy tumult traverse alone.
Moaneth alway my mind's lust
That I fare forth, that I afar hence
Seek out a foreign fastness.
For this there's no mood-lofty man over earth's midst, 40
Not though he be given his good, but will have
                    in his youth greed;
Nor his deed to the daring, nor his king to the faithful
But shall have his sorrow for sea-fare
Whatever his lord will.
He hath not heart for harping, nor in ring-having 45
Nor winsomeness to wife, nor world's delight

Nor any whit else save the wave's slash,
Yet longing comes upon him to fare forth on the water.
Bosque taketh blossom, cometh beauty of berries,
Fields to fairness, land fares brisker,   50
All this admonisheth man eager of mood,
The heart turns to travel so that he then thinks
On flood-ways to be far departing.
Cuckoo calleth with gloomy crying,
He singeth summerward, bodeth sorrow,   55
The bitter heart's blood. Burgher knows not —
He the prosperous man — what some perform
Where wandering them widest draweth.
So that but now my heart burst from my breast-lock,
My mood 'mid the mere-flood,   60
Over the whale's acre, would wander wide.
On earth's shelter cometh oft to me,
Eager and ready, the crying lone-flyer,
Whets for the whale-path the heart irresistibly,
O'er tracks of ocean; seeing that anyhow   65
My lord deems to me this dead life
On loan and on land, I believe not
That any earth-weal eternal standeth
Save there be somewhat calamitous
That, ere a man's tide go, turn it to twain.   70
Disease or oldness or sword-hate
Beats out the breath from doom-gripped body.
And for this, every earl whatever, for those
                                    speaking after —
Laud of the living, boasteth some last word,
That he will work ere he pass onward,   75
Frame on the fair earth 'gainst foes his malice,
Daring ado, ...

So that all men shall honour him after
And his laud beyond them remain 'mid the English,
Aye, for ever, a lasting life's-blast, 80
Delight mid the doughty.
Days little durable,
And all arrogance of earthen riches,
There come now no kings nor Cæsars
Nor gold-giving lords like those gone. 85
Howe'er in mirth most magnified,
Whoe'er lived in life most lordliest,
Drear all this excellence, delights undurable!
Waneth the watch, but the world holdeth.
Tomb hideth trouble. The blade is layed low. 90
Earthly glory ageth and seareth.
No man at all going the earth's gait,
But age fares against him, his face paleth,
Grey-haired he groaneth, knows gone companions,
Lordly men are to earth o'ergiven, 95
Nor may he then the flesh-cover, whose life ceaseth,
Nor eat the sweet nor feel the sorry,
Nor stir hand nor think in mid heart,
And though he strew the grave with gold,
His born brothers, their buried bodies 100
Be an unlikely treasure hoard.

あとがき

　「中世ヨーロッパにおける伝統と刷新」と題して、幸いにもシリーズの第9集を刊行することができた。

　数えてみると既に10年になるけれども、広島大学ヨーロッパ中世研究会では、この間、毎年新しいテーマを設定して共同研究を積み重ねてきたことになる。メンバーは現在5人である。研究活動のサイクルは、3月末に前年からのものが終了モードに入る。しかし、忘年会の時期には翌年に向けて新しいサイクルが始まるものだから、学年末は慌ただしいことこの上ない。

　「ヨーロッパ中世文化論」という授業も5人で担当しているから、受講生たちの成績をとりまとめることも加え、この時期に、前年末にほぼ決めていた新しいテーマの再確認をして、新年度の例会の開催予定を立てるとともに、旧年度の研究成果をとりまとめた論集の出版計画も立てている。

　例会では、引き受けたテーマに即して各自どのような成果をあげることが期待できるかという見通しから始めて、得意とする分野でのそれぞれの研究成果を持ち寄って輪番で発表し、コメントの応酬をしたあと、秋には年次テーマにもとづく公開シンポジウムを開催することにしてきた。それまでの

成果を公表して、参加者諸賢の批判を仰ぎ、研究のいっそうの進捗を図るためである。昨年も 11 月に「中世ヨーロッパにおける伝統と刷新」という同じ題目を掲げて公開シンポジウムを行い、多くの有意義な指摘を得ることができたのは幸いであった。謝意を表する次第である。

　そのときの発表をもとにして、内容を吟味・改訂し、論集としてまとめたものが本書である。至らぬところを多々残していることを自覚しつつ、「中世ヨーロッパ文化の多元性」についてさらに理解を深めるために、新たなテーマに取り組みたいと考えている。というより、既に取り組んでいる。約 2 年のサイクルの一つが終わり、次の一つがもう始まっている。

　2009 年 9 月

水田 英実

山代 宏道

中尾 佳行

地村 彰之

原野　昇

Tradition and Innovation in Medieval Europe
CONTENTS

Preface 1

Tradition and Innovation in Medieval Christian Thought: With Special Attention to St.Thomas Aquinas's *Summa Theologiae*
.... M*IZUTA* Hidemi... 9

Tradition and Innovation in Medieval England: Innovations through Cross-Cultural Contacts
...... Y*AMASHIRO* Hiromichi... 45

Tradition and Innovation in French Literature: Tristan Legend and *Roman de Renart*
.... H*ARANO* Noboru... 87

Tradition and Innovation in *Sir Thomas*: The De-Construction and Re-Construction of the Language of Romance
.... Yoshiyuki N*AKAO*... 135

Tradition and Innovation of Old English Language and Literature: "The Seafarer" Revisited
.... Akiyuki J*IMURA*... 165

Postscript 197

Contents 199

Contributors 200

著者紹介

水田 英実 1946 年生
広島大学大学院文学研究科博士課程単位取得退学，博士（文学）
広島大学大学院文学研究科教授
『トマス・アクィナスの知性論』創文社, 1998;「『分析論後書注解』におけるトマス・アクィナスの知識論 (3) ―*Expositio Libri Posteriorum*, lib.1, lect.3 による」『比較論理学研究』4, 2007;『哲学の歴史3』（中川純男編・共著）中央公論新社, 2008;「古より今に至るまで日本に哲学なし―中江兆民『一年有半』―」『比較日本文化学研究』2, 2009.

山代 宏道 1946 年生
広島大学大学院文学研究科博士課程単位取得退学，博士（文学）
広島大学大学院文学研究科教授
『ノルマン征服と中世イングランド教会』溪水社, 1996;『危機をめぐる歴史学―西洋史の事例研究―』（編著）刀水書房, 2002;「中世イングランド司教の統治戦略―ハーバート＝ロシンガを中心に―」『広島大学大学院文学研究科論集』66, 2006; デイヴィッド・ロラソン、山代宏道訳「ダラム司教座教会―ノルマン征服前後の北部イングランド修道院共同体とその都市―」『西洋史学報』36, 2009.

中尾 佳行 1950 年生
広島大学大学院博士課程後期単位取得退学，博士（比較社会文化）
広島大学大学院教育学研究科教授
A New Concordance to 'The Canterbury Tales' Based on Blake's Text Edited from the Hengwrt Manuscript（共編著）大学教育出版, 1994; "A Semantic Note on the Middle English Phrase As He/She That." *NOWELE* 25, Denmark, 1995; "The Semantics of Chaucer's Moot/Moste and Shal/Sholde." *English Corpus Linguistics in Japan*, Amsterdam-New York: Rodopi, 2002;『Chaucer の曖昧性の構造』松柏社, 2004.

地村 彰之 1952 年生
広島大学大学院文学研究科博士課程後期中退，博士（文学）
広島大学大学院文学研究科教授
"An Introduction to a Textual Comparison of *Troilus and Criseyde*," *Essays on Old, Middle, Modern English and Old Icelandic*, New York: The Edwin Mellen Press, 2000; *A Comprehensive Textual Comparison of Chaucer's Dream Poetry*（共編著）大学教育出版, 2002; *Studies in Chaucer's Words and his Narratives*, 溪水社, 2005.

原野 昇 1943 年生
広島大学大学院文学研究科博士課程中退，パリ大学文学博士（DL）
放送大学客員教授，広島大学名誉教授
ピエール＝イヴ・バデル著『フランス中世の文学生活』白水社, 1993; ジャック・リバール著『中世の象徴と文学』青山社, 2000;『狐物語』（共訳）岩波文庫, 2002; *Le Roman de Renart*, Paris, Livre de Poche（共著）, 2005;『フランス中世文学を学ぶ人のために』（編著）世界思想社, 2007;『芸術のトポス』（共著）岩波書店, 2009.

著 者

水田 英実（みずた ひでみ）

山代 宏道（やましろ ひろみち）

中尾 佳行（なかお よしゆき）

地村 彰之（ぢむら あきゆき）

原野 昇（はらの のぼる）

中世ヨーロッパにおける伝統と刷新

平成 21 年 9 月 15 日　発行

著　者　水田　英実
　　　　山代　宏道
　　　　中尾　佳行
　　　　地村　彰之
　　　　原野　昇
発行所　株式会社　渓水社
　　　　広島市中区小町 1－4（〒730-0041）
　　　　電　話 (082) 246-7909
　　　　ＦＡＸ (082) 246-7876
　　　　E-mail: info@keisui.co.jp

ISBN978-4-86327-070-1　C3022

既刊本

中世ヨーロッパに見る異文化接触 原野昇・水田英実・山代宏道・四反田想 四六判二三二頁 二〇〇〇年九月刊 本体二五〇〇円+税

中世ヨーロッパ文化における多元性 原野昇・水田英実・山代宏道・四反田想 四六判一七六頁 二〇〇二年八月刊 本体二〇〇〇円+税

中世ヨーロッパと多文化共生【品切】 原野昇・水田英実・山代宏道・地村彰之 四六判二二〇頁 二〇〇三年十月刊 本体二三〇〇円+税

中世ヨーロッパの時空間移動 原野昇・水田英実・山代宏道・地村彰之・大野英志 四六判二二二頁 二〇〇四年九月刊 本体二三〇〇円+税

中世ヨーロッパにおける排除と寛容 原野昇・水田英実・山代宏道・中尾佳行・地村彰之 四六判一八二頁 二〇〇五年九月刊 本体二〇〇〇円+税

中世ヨーロッパにおける死と生 原野昇・水田英実・山代宏道・中尾佳行・四反田想・地村彰之 四六判二〇二頁 二〇〇六年九月刊 本体二〇〇〇円+税

中世ヨーロッパにおける女と男 水田英実・山代宏道・中尾佳行・地村彰之・四反田想・原野昇 四六判一八八頁 二〇〇七年九月刊 本体二〇〇〇円+税

中世ヨーロッパにおける笑い 水田英実・山代宏道・中尾佳行・地村彰之・原野昇 四六判一八四頁 二〇〇八年九月刊 本体二〇〇〇円+税

溪水社